外国人亲历的

辛亥革命

·丛 书·

李育民 李传斌

主 编

2021年主题出版重点出版物

国家“十二五”重点图书出版规划项目

The Second Revolution in China

中国的二次革命

——我在上海、江南制造局和吴淞炮台周围战斗中的冒险

[法]鲁定格 著 李群 译

李传斌 校

湖南师范大学出版社·长沙

图书在版编目（CIP）数据

中国的二次革命：我在上海、江南制造局和吴淞炮台周围战斗中的冒险／（法）鲁定格著；李群译. —长沙：湖南师范大学出版社，2022. 4
（外国人亲历的辛亥革命丛书／李育民，李传斌主编）
ISBN 978－7－5648－4530－8

Ⅰ. ①中…　Ⅱ. ①鲁…　②李…　Ⅲ. ①二次革命—史料　Ⅳ. ①K258. 306

中国版本图书馆 CIP 数据核字（2022）第 064941 号

中国的二次革命——我在上海、江南制造局和吴淞炮台周围战斗中的冒险
ZHONGGUO DE ERCI GEMING

［法］鲁定格　著
李　群　译

◇出 版 人：吴真文
◇策划组稿：刘苏华　黄　林
◇责任编辑：莫　华
◇责任校对：胡艳晴
◇出版发行：湖南师范大学出版社
地址/长沙市岳麓山　邮编/410081
电话/0731－88873071　88873070　传真/0731－88872636
网址/https：//press. hunnu. edu. cn
◇经销：湖南省新华书店
◇印刷：天津画中画印刷有限公司
◇开本：710 mm×1000 mm　1/16
◇印张：10. 25
◇字数：142 千字
◇版次：2022 年 4 月第 1 版
◇印次：2024 年 8 月第 3 次印刷
◇书号：ISBN 978－7－5648－4530－8
◇定价：39. 80 元

鲁定格

海军上将郑汝成

丛书总序

呈现在读者面前的，是部分来华外国人有关辛亥革命记载的一套丛书。辛亥革命是一次震惊世界的伟大事件，不仅改变和影响了中国的历史进程，而且在国际上产生了重大反响。对这一重大事件，人们从不同的角度做了大量叙述和诠释，揭示了革命的全过程及其意义。然而，作为一次波及整个中国、牵涉世界各国的革命，辛亥革命还存在大量需要深入认知的空间。自鸦片战争之后，随着对外开放的扩大，各类外国人大量涌入中国，他们对中国发生的各种事件均做了记述，其中对辛亥革命尤为关注。这些来华外国人所撰著作，记载了亲身经历的所见所闻，既补充了辛亥革命的史实，又阐发他们的相关评析，为我们进一步认识这场伟大革命提供了一个新的视角。正唯如此，值辛亥革命爆发110周年之际，我们编译了这套丛书，以冀扩展对这一重大历史事件的了解，推进这一领域的研究。

这套丛书译自各类来华外国人当时记述辛亥革命的著作，包括五种独立出版之著作，及一种选译汇编。作者来自英、美、法、奥匈等国，有领事、记者、商人、传教士、教育家、旅行家等。他们或已驻华多年，或临时来华访问，或常年在各地传教，或参与外国人救援活动，或以记者身份在各交战区域采访，或正在中国旅行而从南到北追随诸事件的进程，等等。事后，他们随即将自己在革命中的见闻整理成著作，在英、美、法以及中国以英、法等文字出版，向西方世界介绍辛亥革命。其步履和笔触遍及湖北、湖南、广东、陕西、云南、山东、江苏、浙江、安徽、山西、甘肃、河南、河北等省，以及武汉、上海、南京、西安、广州、长沙、天津、北京等重要城市，宜昌、滁州、徐州、扬州、潍县、汕头等中等城市，既包括革命进程中世人瞩目的中心，又伸展到内地和边远之地。

这些著作从不同角度记载了武昌起义及全国对其的响应，或对辛亥革命做了宏观整体的陈述，或以某个城市为重心的同时兼及其他区域，或介绍外国人援救寓华侨民的行动，或陈述上海的二次革命，等等。如《经历中国革命》一书，分析了革命爆发的原因，叙述了革命起始到善后大借款的过程，涉及云南、上海、北京等地。《中国革命记（1911—1912）》着重讲述了武昌起义以及武汉三镇的保卫战，同时还叙述了从南北议和到清帝退位的过程，并论及四川光复和孙中山、袁世凯等重要人物。《中国的二次革命》记载了1913年7—8月间上海及周边地区二次革命的经过，包括江南制造局、吴淞炮台周围等处的战斗。《身陷中国革命》和《清朝的覆亡》两书均以救援陕西外国人为主题，但内容详略和叙述范围存在差异。前者除了救援行动之外，还涉及西安起义、屠杀满人、哥老会内部争斗等内容。后者篇幅较大，除了上述问题之外，还设置专章介述沿海各地及北京、太原等地情形，并涉及山西、甘肃、河南、蒙古、直隶、北京、武汉、上海等其他地域。《来华外人在各地经历的辛亥革命选译》系《教务杂志》和各种个人著述的选译汇编，记述了作者在辛亥革命中的经历，范围涉及全国各地，如湖北、湖南、广东、陕西等省，除了武汉、上海、广州、西安、长沙等大城市外，还有宜昌、滁州、徐州、扬州、潍县、汕头等中等城市。就地域而言，这些叙述颇有代表性地反映了全国的革命风暴，作者将它们汇集起来，展现了一幅从南到北、自东至西的全景画面。

作为外国人，他们从自己的视角做了观察，提供了有关的细节，同时提出了各种看法，反映了西方国家对辛亥革命的认识和态度。例如，关于辛亥革命的发生，不少在华生活的外国人在武昌起义前便预感到大风暴的来临。如医学传教士胡美说，“清王朝正在解体”，当光绪帝和慈禧太后在1908 年死去，“我们就隐约认识到了这一点”。随后 1910 年 4 月长沙抢米风潮发生，“我们已清楚地认识到了这一点”。到 1911 年初，“人们普遍认识到，一场严重的政治颠覆即将爆发”。英国驻华领事许立德在 1910 年也有同样的预感。或对革命的原因做了分析，认为有三个因素：一是经太平天国起义、戊戌政变、义和团运动等事件的累积，“这个国家发生巨变的时机已经成熟”。二是清政府“腐烂不堪”，已不能照旧统治下去。三是由于与外部世界的接触，中国已出现了“新一代觉醒的、训练有素的人”。

身处这场历史事变之中，这些来华外国人在当时便对辛亥革命的影响做了预测，认为：“或迟或早，世界上所有的国家必定会感受到中国革命的影响，在过去两年，它已经震动了亚洲大部分地区。”由于便捷的交通手段，人口几乎占全人类四分之一的中国所发生的事件，“不能不对整个世界产生深刻的影响”。革命对中国社会亦产生了非常大的影响，它既是政治性的，又是社会性的。“在中国一切都变了，包括构成人们社会和家庭生活的风俗习惯”，以及政治斗争及其格局，等等。他们对这场革命做了肯定的评论，同情和理解中国革命，肯定革命者的奋斗和献身精神。这些著述的作者们，均肯定中国建立民主共和制度的意义。如“遵纪守法”，“行为清白”；“所有人都充满活力”，而非“战战兢兢，犹豫不决，三心二意”；革命队伍“组织有序”，“运转流畅”；等等。从自己的经历中，他们看到或感受到中国的未来。如认为，哥老会和革命党有“良好的一面”，中国农民头脑清醒、克勤克俭、谨守本分，有助人精神，“蕴藏着一个真正伟大民族的元素”，“是这个民族的脊梁”。他们指出，“悲观看待中国未来的立场是错误的”，年轻的革命党“有希望建立一个稳定的政府”，这个政府“有能力开发国家的资源，帮助人民”，“一个统一的新生中国必将出现”。或者祝愿革命党人为自由而进行的斗争及其做出的牺牲，“将预示着中国正义和真理之日的到来”。

对革命军的缺陷和不足，他们也不讳言，做了客观的评论。如各省相互戒备，有着“狭隘的地方意识”，在陕西，“‘中国人的中国’这个口号在这里已经蜕变为‘陕西人的陕西’”。西北的青年革命者，几乎把全部精力“倾注在了破坏上”。他们有一种模糊的认识，“认为只要把旧势力清理干净，就可以在国内引进西方文明，建立西方式的政权”，却没有思考民众“接受和消化这种外来文明和制度”的可能性和意愿。“对满人的大屠杀是一个可悲的错误”，哥老会的抢掠行为等恶行，“留下了难以抹去的污点”，而共和政府却无法与他们“完全撇清关系”，这是革命派的“软肋”。其他如缺乏政治经验、招兵和军纪问题等，“未经训练”，“对战争技巧一无所知”，战斗中“毫无组织”，“全无秩序”，人人“随心所欲”，是一群“乌合之众”，等等。对革命对立面的长处，他们亦做了相应的分析，由此揭示了革命军的不足。如指出，北洋军在某些方面体现出明显的优势，有“最科学的战术”，“受过严格训练”，“学习了军事课程”，具有“坚韧不屈，无畏艰险，纪律严明，拥有丰富的军事常识”等军人素质，其战斗力强于革命军，等等。

评论中，不可避免地要论及辛亥革命中的各种人物，褒贬之间，反映了他们对这场革命的了解和态度。如黎元洪被认为是“中国带给世界的最伟大的改革家”，“如果没有他，中国可能就不会有革命”。袁世凯被认为具有“政治家的手腕”，“自始至终忠诚于自己的理想，追求一个目标，即谋求国家和民族的最大利益”，因此“要想拯救现在的局势，非袁莫属”。“袁世凯可能是当今中华帝国最伟大的人”，“并有能力使整个国家团结一致”。他还有极高的军事才能，北洋军“受过正当训练，拥有先进装备，具有良好纪律”，“成为一支不可小视的军事力量”。关于革命领袖孙中山，他们的看法是矛盾的：一方面认为他是“中国最有成效的革命家”，几乎为革命理想“奉献了一生”，“是一个有足够力量在中国建立一个稳定政府的人物”；另一方面又认为，西方人“根本无法理解”孙中山“密谋策划革命活动”，笑话他是个骗子，企图利用大动荡谋取私利。此外还涉及各省的各类人物。

著述中还涉及对某些国家的看法，如英国人丁格尔所著《中国革命记（1911—1912）》。其中谈到，英国在中国“比其他任何国家都更有优势”，这种优势“就在于他们取得了中国人的信任”。中国人普遍“相信英国人，相信英国的商品”，认为“英国是世界上最好的国家”。英国“仍然控制着中国大部分的贸易”，“没有一个国家像英国这样为中国的发展做这么多”，它“已打下了基础，播下了种子，现在只有他们才应该收获果实”。但英国遇到强劲的对手，即德国和日本，“他们正在斗争着”。关于德国商人，“不是依靠政治上的影响力，不是依靠关税或者欺骗性的手段，而是纯粹依靠对生意的专注和努力”，以“大规模的计划”和“良好的行为规范”为基础，“从而获得日益增长的贸易的最大份额”。这是因为，“普通的德国人都读中国历史，了解中国的自然特征、内陆人民及他们的生活，了解他们所拥有的及想要的是什么”，正是德国人对中国的深入了解和吃苦耐劳精神，使得“德国商人遍布每个港口”。关于日本，是英国“最强大的对手”，它“正在大批量地生产劣质产品”，“在这片土地上到处散播那些价廉质劣的东西”。所有日本人都赋有“寡廉鲜耻这种特有的德行”，“为了争第一，他们什么事情都做得出”。在华日商“没有什么信誉可言，人们需要小心提防着他”。日本人不择手段，“已经使自己成为中国的最优惠国”。现在日本人在中国内陆省份“秘密地勘探矿物，开采闲置浪费的金矿、铁矿”，他们“无处不在，却很少获得信任”。“没有哪两个国家能像大不列颠和美利坚合众国这么有希望获得中国新的贸易机会”。再如，法国人费南德·法金奈尔所著《经历中国革命》，较为注重辛亥革命与法国的关系，如革命对法属殖民地安南的影响、法国人与云南革命的关联、革命期间上海法国人的情况、法国对善后大借款的态度与政策、在华法国人对这场革命及其前景的不同观点，等等。

总之，来华外国人通过自己的亲身经历，揭示了鲜为人知的某些史实，丰富了对辛亥革命的认识，并反映了西方各国对华立场及其形象。但是，由于立场观点的不同，以及其他种种局限，这些记述又存在不同程度的缺陷和不足。例如，这些书贯注着西方优越的思想，或以所谓实录的方式丑化中国和中国人，或宣传西方思想尤其是基督教教义。如丁格尔在《中国革命记（1911—1912）》借他人之口提出，要把基督教文明的“真理和价值”传授给中国未来的统治者，“把中国融入”西方文明，使“中国人珍视”西方的“崇高道德准则”，如是，“中国可能就会在基督教文明的光辉照耀下成为一片乐土”。在对各类人物的评析中，亦体现了他们的思想倾向，如对袁世凯的赞许和对孙中山的褒贬，等等。关于辛亥革命爆发原因的分析有欠客观准确，或强调基督教的影响，认为“基督教在中国的传播与引发辛亥革命有着很大的关联”，因为“基督教在其教义和精神上是平等的”，当革命爆发之时，“乡村的偏远角落都有这种平等精神的表现”；或归之于某个人的作用，如认为“黎元洪是中国带给世界的最伟大的改革家”，“如果没有他，中国可能就不会有革命”。这些错谬的产生，既有个人主观倾向的因素，又反映了他们对中国或相关史实缺乏深入了解而出现误判。与后者相似，或因信息不准确，或因史料歧异，书中在各种问题上均或多或少存在某些错误。诸如此类，读者在阅读时需予以鉴察。

李育民

2021 年 6 月

译者序

近代以来，伴随着中西交往的增多，不仅有外国人在中国办有许多报刊，而且有一些外国籍的记者在华活动。这些记者对中国重大事件多有关注，写下了不少新闻报道和著述。奥匈帝国的鲁定格（St. Piero Rudinger）即是其中之一。

鲁定格在自己的国家有从军的经历，曾当过炮兵，熟悉军事。1913 年，他曾以战地记者的身份① 在上海及其周边活动，为自己服务的报社提供新闻；次年在上海出版了以自己亲身经历为素材的《中国的二次革命》（St. Piero Rudinger. The Second Revolution in China ，1913，my adventures of the fighting around shanghai，the Arsenal，Woosung Forts. Shanghai：1914.）。

《中国的二次革命》从一名战地记者的角度记

---

① 据该书英文版的介绍，他是当时唯一的外国战地记者。

述了1913年7—8月上海及其周边地区二次革命的经过。全书共有七章，另有三篇附录，其中第一个附录是郑汝成的传记，另两个附录是关于战时中国红十字会活动的。

1913年7月，二次革命爆发后，革命党人陈其美在上海响应，被黄兴委任为上海讨袁军总司令；钮永建在松江响应，随后率部进入上海。此后，围绕着进攻江南制造总局、保卫吴淞炮台，讨袁军同北军进行了多次交锋，结果以失败而告终。革命期间，本书作者鲁定格以外国战地记者的特殊身份，穿梭在交战双方之间，所以《中国的二次革命》较为详细地记述了二次革命时期在上海及其周边地区发生的重要战事及其结局和影响，对于革命党人进攻江南制造局、保卫吴淞炮台的记述尤为具体。《中国的二次革命》不仅提供了上海及其周边地区二次革命的概况，而且提供了若干历史细节。

革命期间，鲁定格曾对敌对的双方进行过采访，接触过陈其美、居正、钮永建、郑汝成、李鼎新等重要将领，也同中下级军官和普通士兵有所交往，并对这些人物多有描述。这为我们了解当时的历史人物提供了不少有价值的信息。值得注意的是，鲁定格写道："我总是彬彬有礼地对待这些军官和士兵，像对待人一样地对待他们，我很快就变得和他们关系友好，他们也以最大的礼貌和友好对待我，他们对于我的请求，几乎是有求必应。"因此，他往往能够获得不少有价值的信息，这同时也有利于我们认识相关人物和革命的真实情况。

由于鲁定格熟悉军事，所以他能够从军事的角度叙述自己的经历，使我们得以了解当时革命进展中的一些细节，如讨袁军的招兵、训练、装备、士兵的素质等，北军的装备、战术、战斗力等。战斗发生时，鲁定格多次冒险到战地采访，记录了一些战斗进行的具体经过。而且，他与普通士兵的交往过程在一定程度上展现了当时双方士兵的心态。鲁定格还对交战双方作过一些比较，他肯定北军的军事优势，同时指出了革命党人在军事上的某些不足。比如，他认为"正如发动讨袁的人所受的教育是肤浅的一样，他们的工作也是肤浅的。他们知道发动讨袁需要士兵，并且要用武器武装他们。但是，他们绝对不知道将一项工作做成功的许多必要的细节，而且在他们身上也没有发现必需的、深奥的军事科学知识。因此，毫不奇怪，他们的事业被证明是彻底的失败。煽动讨袁的人控制着最好的未受过训练的士兵，但是却没有领导者来使用这些人”。不过，鲁定格肯定了讨袁军的纪律“应得到充分的认可”，并认为北军对待俘虏野蛮，不像讨袁军那样有“人道主义”。

军事之外，鲁定格也叙述了二次革命对上海及其周边地区的影响。他记述了上海华界对战事的恐慌、租界当局的应对。同时，他描述了战争对城市和乡村的破坏，对普通民众所带来的危害，也记述了包括他熟悉的外国侨民在内的居民抢劫被毁寺庙的情况。而且，鲁定格在书中对革命期间积极从事活动的中国红十字会多有着墨，认为红十字会的“工作令人满意，是很成功的，而且为不久的将来开辟了最光明的局面”。这为我们了解当时中国红十字会的活动提供了有价值的信息。

《中国的二次革命》一书还收录了丰富的图片，涉及重要人物、普通士兵、军事设施、战斗场面、战争的破坏、红十字会的活动等，其中有的战斗场面还是鲁定格在战斗进行之际拍摄的。这些照片为我们了解二次革命提供了有价值的图像信息。

总体而论，鲁定格作为外国记者，对整个事件的报道是相对客观的。不过，他并非完全中立，而是有一定的倾向性。如他对袁世凯政府的海军将领郑汝成等颇有溢美之处，说郑汝成是“江南制造局的勇敢保卫者”，《中国的二次革命》一书也是献给郑汝成的；而且，他在采访吴淞炮台时，还违规偷拍吴淞炮台的军事设施。这也是我们在阅读本书时需要注意的。

本书的翻译忠实于原文，对于专有名词尽可能找到相对应的中文，确实找不到的采用了音译，不当之处，敬请批评指正。

李　群

序言

出现在下文中的有关上一次革命过程中军事行动的文章，是我在经历江南制造局、吴淞炮台和上海附近的战斗后，得出结论的结果。

关于战斗本身，我把很多有趣的细节都归功于海军上将郑汝成阁下以及沈敦和阁下的帮助，前者是被围的江南制造局的总司令，后者是中国红十字会的副会长。二位先生在我努力写这本书时，以最友好的方式来支持我，而我希望这本书将来会成为一本有趣的书。

我所记述的战斗是自己在1913年革命时作为《德文新报》的战地记者亲眼目睹的。

由于是同记者的工作联系在一起的，所以我的描述所包含的内容可能不会吸引所有没有军人经历的读者。但是，当一个人像我一样在奥地利皇帝弗兰西斯·约瑟夫一世阁下的部队服过兵役，那就会很容易理解：我不顾危险，并在战斗中尽己所能地去搜集消息。

我希望为公众提供一个关于中国历史上过去事情真正、真实的报告。所以，我尽最大努力来实现自己作为记者的职责，现将我的劳动奉献给宽容的公众。

作　者

1913 年 10 月，上海

目　录

◎第一章　对上海周围战斗的回顾

现在，1913 年 7 月发生在上海周边的战斗已属过去，对读者来说，或许有兴趣从军事的角度了解双方士兵的资料。

读者将发现，正如下文特意指出的那样，将要记住的是战斗开始于1913 年 7 月 23 日/24 日的晚上。当时，讨袁军企图袭占江南制造局，他们同时在陆上从三面对它发起进攻，而制造局的第四面则有黄浦江的天然屏障以及舰队的保护。当时，讨袁军在数量上多于驻军，比例几乎达到 8∶1，但没有能够成功地占领制造局，原因只能是讨袁军领导者的无能而不是其下属。除了前政府军官钮永建将军外，讨袁军的领导者中甚至没有一个以前曾接受过任何重要的军事训练。吴淞炮台和江湾以及嘉定一带村庄的战斗情况也是一样的，唯一的不同之处是：讨袁军在这些地方是进行防御，而不是进攻。

特别是从军事的观点来看，这场战斗很有意思，军队配备了所有现代化的军事装备，采用的却是“过去”的战术。以下的实例可以支持我的观点：敌对双方的前哨，彼此正面相对，甚至在战斗开始前的晚上还友善往来，直到战斗信号发出，他们变为狂怒的敌人，带着极度的仇恨和敌意杀死对方。但是，政府军队在海军上将郑汝成的指挥下，采用现代的战术规则作战。他们在某种程度上运用了战地电话和无线电报、现代壕沟、铁丝网和各种其他作战辅助设备，这显示他们并没有完全忽视欧洲战争的教训，而且这些教训将在不久的将来被牢记在心。但是，必须牢记的是细节上的改进进展缓慢。讨袁军有素质良好的下级军官，但领导人完全无能。虽然枪械等都是最现代的配备，但是他们缺乏具有成功使用这些现代化装备的必要知识的领导者。他们的情报机关毫无用处，因为组织得非常糟糕，与此同时郑汝成将军却成功地置讨袁军于不利地位。讨袁军明显缺乏战术，甚至最小的分队行动都没有任何成形的计划。在这种情况下，讨袁军不可能取得胜利，这在战斗开始的第一天就已经被预见到。在敌对战斗开始前不久，当我有机会接触到一位讨袁军领导人时，我也没有隐瞒自己的这种观点。

谈到军事细节时，我指出：考虑到讨袁军士兵们大部分仅受过两三天非常少的军事训练，讨袁军在指挥上体现了很好的素质。因此，他们的行动在某种程度上令人钦佩。讨袁军士兵有一部分是由逃跑的苦力、仆役、囚犯等组成，当他们还处于交战的外围区域时，他们就克服了恐惧，因此在作战期间显得很冷静，即使处在猛烈的炮火和步兵的射击下，他们也没有失去镇定。甚至在食物糟糕、天气炎热的恶劣状况下，那些人都积极地将事情做好。此时的北军，时而军官们与自己的士兵闹纠纷，时而士兵们拒绝挖战壕和埋雷，尤其是当不满军需部门的工作和糟糕的食品时，士兵们有时甚至拒绝作战。政府军的炮兵部队受过极好的训练，并根据现代炮兵的规则进行射击。同时，我经常有机会注意到，讨袁军的炮手们，带着某种疑惑接近大炮，而且他们在射击时，只求大炮能“发射出去”。间接射击对于他们来说几乎是闻所未闻。双方的装备大致相同，除了中国造和日本造之外，几乎所有的毛瑟枪和步枪都是一样的。岸上使用的大炮，只使用了两个型号，即 7.5 厘米口径带有现代气动自退式炮弹的霍奇基斯野战炮和有同样口径但使用旧式炮弹的山地炮。

陆军元帅黄兴（讨袁领导者，讨袁军的首领之一）

无论如何，携带重炮是不可能的，因为这里的乡间有无数的小河纵横交错，它们的河岸非常陡峭，马队在这里毫无用处。除了已经提及的步枪型号外，讨袁军还使用俄国老式的1888年型号的连发枪和很常见的日本山野枪。双方通常使用德国造的马克沁重机枪，但我在数个场合看到了一些丹麦（哥本哈根的武器制造厂）造的以及几挺金格斯造的重机枪。北军使用现代化的步兵弹药，几乎全部是装无烟火药的S形子弹；讨袁军使用的毛瑟枪子弹是旧式的镍壳子弹，这种子弹虽然无烟，但经常是用甚为老旧的、质量一般的黑色火药。军队的不同部门，即军需、医药卫生、弹药供应，通常都很糟糕。经常发生这样的事情：在野外作战期间，甚至小股部队一连几天都处于饥饿当中，而实际上腹地已经消灭了敌人，能很顺利地筹集到军需品。这只能是漫不经心的领导者的过错，他们忘记了保证足够的运力以建立补给设施。在弹药的供应上，据说也是同样如此。就军事部门而言，医药卫生服务处于非常恶劣和糟糕的状况之下。中国的军医只有少数受过欧洲式的训练，他们有时甚至不能包扎轻微的枪伤，更不要说严重的病症。绷带普遍缺乏，所有现代战地外科手术所需的器械都没有。军队的医生有时有现代的急救包，但里面的工具生锈，有些不能使用，即使它们是好的，也没有人会使用它们。

再次回到政府军队和讨袁军之间的比较上，我不能不说：后者的纪律值得充分认可。虽然他们所受的军事训练极少，但是他们很听话，非常俭朴和英勇，并且严守纪律。政府军队同样如此，但是一定要指出的是：从他们占了讨袁军的上风那一刻起，他们的纪律就松弛了。他们很清楚：只要他们被围困着，他们就只能靠保持严格的纪律存活下来，但当他们转为进攻者时，纪律被忘却了，他们也常常变成了懒惰的一伙人，不理睬军官的命令，经常欺侮平民，抢劫他们的住宅，并虐待俘虏。然而，总的来说，他们的行为还是比那些在最近的巴尔干战争期间的“基督徒战士”要好得多。

中国军队的核心是非常好的，本质上很有能力。中国军队当然有一个很美好的未来，它只需要军官们熟知现代战争科学以及所有与之相关的东西。受过欧式训练的军官数量太少了，以至于他们无法有效地工作，外籍军事教官的数量必须大幅增加。中国政府已经认识到，欧洲人训练的军官在作战部的某个办公室任职或被任命为某个将军的副官时，他的能力不足，而且他很少与士兵们接触。有必要让这些军官和士兵们密切接触。还可以在中国的军队中任命大量的欧洲人为军官，这些军官的军衔不高于上尉，他们在前方履行职责，在军营中生活，与士兵们不断接触，这将会产生良好的影响。中国军队不仅需要欧洲人训练的参谋，而且需要欧洲人训练的能够影响士兵的尉官。同时，当士兵们学会把他们的职业视为一个值得尊敬的职业时，就会出现“团队精神”，就像另一支军队一样。而且由于他们的不参与，兵变也就易于被察觉。当然，用德国体系训练士兵不适合南方的中国人，但是我认为用奥地利和意大利军队的方式操练士兵应该是非常成功的。采用德国体系操练士兵，在北方的中国人中有很好的效果，但是南方人，特别是江苏人，要用另一种完全不同的军事训练。南方人比北方人更聪明、机敏，极少认识到超强纪律的必要性。南方人会很容易学会并记住自己的战场职责，但是南方人也会反对被教导不假思索地服从。因此，任何教官都不能有效地和成功地训练南方人，他们需要具有一定知识和了解南方人性格的人，因为这样一个人很容易培养出与目前的北方士兵一样优秀的南方士兵。

除此之外，我还希望共和国能改善财政状况，以帮助保持国家的稳定。事实证明，大多数的讨袁军首领和煽动家很容易在士兵中发现他们的受害者，因为政府很长时间没有给士兵们发军饷，这增加了他们的不满。

◎第二章　中国红十字会在上海周围战斗期间的工作

在继续描述上海周边的战斗前，先回顾一下中国红十字会的工作，它给交战双方提供的宝贵的服务是值得注意的。不得不大力感谢红十字会的工作，因为它的工作条件和环境可能是最差的。除了上海和江南制造局以及吴淞炮台之间距离遥远外，夏天的酷热、潮湿严重地影响了红十字会工作人员的体质。气温超过华氏100度——然而，这些乐善好施者必须在这一地带工作，大多数情况下没有树荫的遮挡，并在炽热的阳光下暴晒。由于各种各样的困难，红十字会的工作人员没机会随身携带食物，因此他们水米未进地工作很久是家常便饭。这特别影响到了那些小分队，他们受红十字总会的派遣，外出在树丛和稻田里寻找死伤者。战斗，尤其是制造局周围的战斗，使红十字会在这场战役中的工作比在一般的战斗中更危险，这些战斗发生在晚上，白天的酷热经常导致战斗无法进行，即使是守卫制造局的更能吃苦耐劳的北方士兵亦是如此。每个人都记得，那些战斗的突出特点就是极其猛烈和强大的炮火不间断地持续了很久，而且大多数是没有瞄准的。与士兵相比，这给农村居民带来了更大的威胁，也给勇敢无畏的、不顾炮火和轰炸而开展工作的红十字会人员带来了巨大的危险。

不过，考虑到中国红十字会的设备和建立处于初级阶段，必须承认中国红十字会所做的工作，几乎和欧洲的红十字会在最近的战争中所做的工作一样好和一样成功。至于提供运力方面，必须要有足够数量的汽车，汽车的所有者们应当在困难时期提供日常的运输工作。

中国红十字会的组织是出色的，因为它著名的副会长沈敦和很能干。他得到了以下几位的协助，即红十字会的主管江趋丹先生、秘书吴敬仲先生和极受欢迎的王培元医生。王培元医术高超，在美国完成学业，当谣传说上海周围要发生战斗时，他就已经明智地做好了自己的准备。正是因为这些先生们的远见卓识，所以在1913年7月22日晚第一声枪声响起时，红十字会的小分队就能毫不拖延地开始自己的工作。

中国红十字会副会长沈敦和

7月12日，已经是谣传四布，据说讨袁军将领陈其美即将对江南制造局发起进攻。沈敦和召集他的同事，准备应付一切可能发生的情况。王培元医生受命负责管理红十字会的战地小分队。按照计划，仿效全世界医疗机构的做法，急救站和战地医院建立了起来，急救站必须为战地小分队搜寻到的伤员提供急救，在处理他们的伤口后，将他们送往战地医院，在那里他们将得到最后的治疗，并进行手术。急救站一个建在靠近圣凯瑟琳大桥的警察局内，一个在上海城的西门附近，第三个在上海西门外妇孺医院附近。建在位于徐家汇路的红十字会医院内的后方医院由中国哈佛医学校管理；在天津路医院的后方医院由王吉民、陈家恩、李达夫等医生监管，并得到卫生督察员彼得·维特以及许多欧美志愿者的帮助。维特是一位奥地利人，在上海工部局卫生机构工作。第三座战地医院位于南市，由章文美和陈杰初医生负责；当吴淞周围的战斗开始时，战地医院在张华浜的海军医院内建立起来，由莫利纽克斯医生负责；在吴淞，靠近车站的那家战地医院由贝内特医生负责；沪宁铁路提供的红十字会火车被临时作为一个急救站，王培元医生在火车上坐镇。

红十字会派了三个小分队到战场上工作，每一个分队由12人组成，其中部分是有资质的医生，4人是通信兵，大多数是男童子军，还有供其使用的4副担架和2辆用于急救的手推车。每个小分队都有许多苦力，数目从10人到30人不等，他们被雇来收集伤员，将伤员放在手推车上，后来由于伤员数量的增加，就尽可能地用汽车代替了手推车。这3个小分队在王培元医生、苏荔裳医生和李达夫的指挥之下，根据军事行动发生的地点，按不同的路线行进。王医生的小分队经过圣凯瑟琳大桥从法租界出发，沿着龙华路行进；上海红十字会分会由夏应堂、殷受田医生带领，选择了通往沪杭铁路终点站的道路。

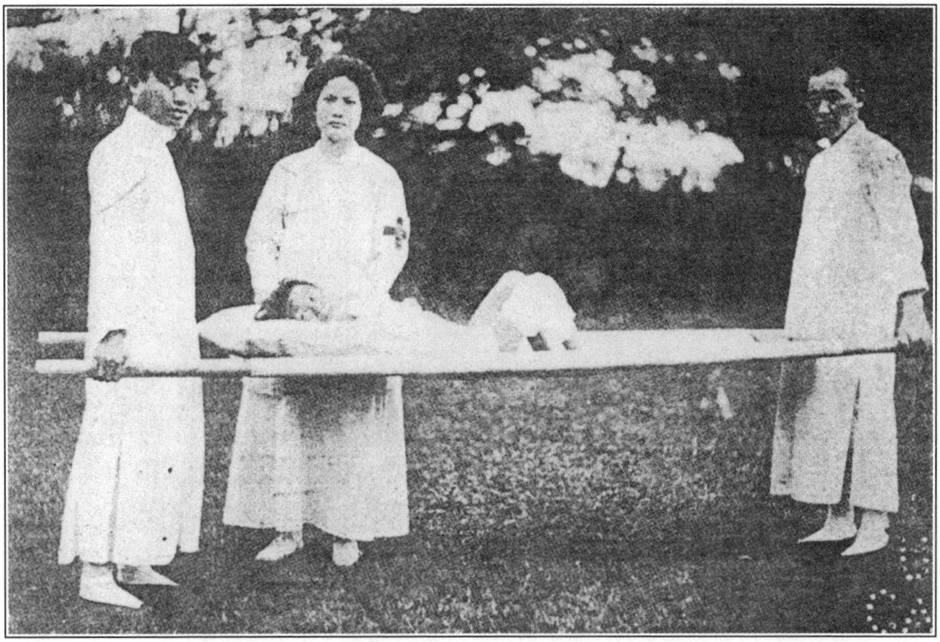

中国护士唐小姐护送一名被流弹所伤的男孩，前往位于徐家汇路的红十字会总医院的病房

除了上面提到的陆路小分队外，水上小分队也组建了起来，由著名的柯师医生负责，孟纳司先生起协助作用。虽然柯师与总会的联系经常被打断，但是他相当成功地用三艘急救艇从吴淞炮台和江南制造局的江边营救了伤员。

红十字会人员的装备包括一件白色的、半军事的制服和帽子，佩戴的红十字十分醒目。他们携带一个急救包，里面装有碘酒、鸦片酊、白兰地、三碘甲烷、苯甲酸酊、消毒纱布和原棉、绷带、剪刀、一对急救钳、两对动脉钳以及止血带。除了每一队都有一面或更多的足够大的红十字旗外，苦力们在衣服的前后都画了一个巨大的红十字。

用马勒先生的汽车运送伤兵（沈敦和先生在伤员旁边）

战场上的小分队有艰苦的工作要做，伤员的数量多而且经常有重伤员。对于在漆黑的夜里经受猛烈炮火的小分队来说，冷静的头脑和诸多的个人美德是必要的。

红十字会的掩埋队有一项非常令人不愉快并且异常危险的职责。由于猛烈而密集的子弹射击，红十字会人员经常不能到达发生战斗的各个地方搜索伤员，于是伤员中有许多人因失血而死亡或伤口坏疽。这些人和许多被杀死的人——数目巨大——使空气中弥漫着令人讨厌的臭气，因而，制造局的勇敢守卫者——海军上将郑汝成，不得不给红十字会副会长沈敦和写了一封信，给掩埋人员提供保护，以搜集和掩埋尸体，因为他的士兵在战壕里不能再忍受那种可怕的气味，这种气味污染了空气，并使之中充满了有毒气体。

掩埋队由王培元医生指挥，翁志尚（音译）先生和李智让先生有一项非常艰巨的任务要完成。掩埋队在埋葬被杀死的人时，采取的方法是：首先把杰耶斯液喷洒在尸体上，然后再把它搬到撒了厚厚一层石灰的棺材中。发现尸体的地方相应地要喷洒一种消毒剂。

几乎不可能计算人员损失的确切数字，因为许多尸体被聚集在战场上的流浪饿狗吞噬了部分身体。掩埋队发现了无数散落的骨头、下颚、头骨、肋骨和髋骨，被饥饿的野兽撕离了身体，这展现了战争可怕的一面。许多事例证明：伤员们遭到了饿狗的攻击，而且是在还活着的时候被吞噬了部分肢体。

为搜集尸骨，苦力们使用了专门制作的钩子。当发现一具尸体和搜集到足够数量的尸体时，他们都遵守同样的预防措施，将尸体安放在棺材中，把棺材聚在一起，并用小土堆覆盖棺材。

所有这些艰苦的工作都是在炙热的阳光下进行，高温加快了尸体的分解，甚至几个小时后，人们已辨认不出它们，无数苍蝇围着它们嗡嗡叫着，空气中充满了令人讨厌的臭气，这些勇敢的人没有一个被感染，这真是一个奇迹。

同红十字会的战地分队一样，中国男童子军有力地支援了掩埋队。在公学的斯图尔特先生的领导下，相当数量的童子军被召集起来。这些聪明的男孩们的工作要得到全面的赞扬，他们为中国的未来一代开启了光明的前景。童子军部分地参与了战地分队的搜索工作，并在这些分队转移前搜索田野。他们作为通信兵也做了有价值的工作，他们当中许多人使用自行车，最后他们也帮助了掩埋队和那些给上海城内和租界里的难民分发食物的分队。

许多外国人自愿地为红十字会提供服务。他们当中许多人的名字应当被提及，如挪威人马勒先生驾驶自己的汽车为红十字会做了有益的工作，另外科尔先生和瑞克医生也自愿接受红十字会总会的安排。除了实际的服务外，红十字会还得到了大量的捐款，这使它能够扩大为伤员和不幸的难民而进行的服务。民国总统袁世凯开具了2万元的捐款单，随之捐款的有副总统黎元洪，海军上将郑汝成、李鼎新①，这两位将军都是制造局的守卫者，前者捐给红十字会4000元，后者捐助1000元。每个团体都尽力而为。有趣的是，陈其美作为讨袁军的首领和总司令给红十字会捐款2000元，以资助其工作。

考虑到中国红十字会是相对较新的机构这一事实，正如本章开始时提到的，可以说它的工作令人满意，是很成功的，而且为不久的将来开辟了最光明的局面。而且，必须记住的是：整个组织都掌握在中国人手中，他们做的每件事都能顺利进行，这都归功于他们。

正在天津路医院接受治疗的伤员

（红十字会副会长沈敦和站在大厅的讲台上）

① 郑汝成、李鼎新均是在镇压了上海的二次革命之后加海军上将衔的。

◎ 第三章　上海在江南制造局开始遭到进攻之前的情况

7月前的一段时间，上海传遍了一个消息，即第二次革命即将爆发。不过城内的形势很平静，不知道消息的人不会想到：上海已被选为革命的一个中心，而且战斗很快会在这里发生。考虑到这里集结的作战部队不及中国旧都南京周围士兵的十分之一，战斗在某些方面可能要比在南京周围发生的还要激烈。

在这段时间里，上海的中国人和外国人了解到几位讨袁领导人准备进攻江南制造局。江南制造局是一个重要的地方，离公共租界和法国租界6英里，它在1911年的第一次革命中起了一定的作用。当时几乎不知名的陈其美聚集了一帮装备有手榴弹的亡命之徒进攻制造局，并且轻易地击败了力量微弱的驻军，这些驻军对进攻完全没有防备。陈其美随后任江苏都督①，并丢掉了这个重要的职位。他注定要领导两次进攻制造局的战斗，但是这次他没有取胜，这真是一场命运的游戏。

1913年6月底，人们已经完全知道上海周围发生

① 陈其美在上海光复后担任的是上海军政府都督。

战争是必然的。讨袁的领导者陈其美、黄兴及其他人有秘密活动的确切迹象，他们在租界外国当局的眼皮子底下集结部队到上海。讨袁领导者之间召开了许多次会议，并且孙中山和其他的梦想家参与了。他们成功地征集了一班人马，这些人几乎都是亡命之徒和土匪，仅是乐意加入“讨伐袁世凯”的部队。他们在这里有机会获得大量的战利品，赢得军事荣誉以及民众的感戴，这些都是许多讨袁军的招兵军官所提供的诱饵。

在7月初，上海的情况并不严重，但是充满了谣言和神秘的预言，结果也早为人所揣测。讨袁的成功几乎被革命党人的报纸夸大了。这在一定阶层中引起了骚动，而其他人则保持冷漠的态度。商人当中发生了很大的骚动，中华商会非常惊慌。军事当局接到来信，请求他们尽力保持和平与秩序稳定。7月18日下午较晚的时候，中华商会召开了一次会议，并通过了一项保持中立的决议。警察当局被告知不要干预正在聚集的讨袁军与政府军队之间的任何冲突，警察的唯一职责是维持公共秩序。

制造局周围的情况依然平静。从军事的角度观看政府军队和讨袁军的前哨表现如何，是件很有趣的事。有时，他们的布防靠得非常近，明显有着很好的关系，并且看起来承担了常规的保卫。在华界和南市，志愿者和警察正在维持秩序。

有关制造局命运的谣言接连不断，四处散布。有消息称制造局的驻军与讨袁军之间进行了谈判，以遣散政府军队。

作为一名记者，理所当然地，我对形势非常感兴趣，并且在华界、法国租界、福州路度过了许多个夜晚。在这里的各种餐馆、茶室都可以看到很多年轻的中国政治家和鼓动家。虽然我在中国人中间没有非常熟悉的朋友，也没有许多朋友，但是我成功地认识了几位中国报人和政治家，他们给我足够的暗示，供我得出自己的结论。甚至，我多次骑马到制造局及其周围，向双方的军官和士兵散发我用中文书写的名片以及香烟，政府军队和讨袁军知道我经常造访的目的，因此也不加怀疑。经常会出现这样的情况，当我检查他们的武器和步枪及其他东西时，会引起士兵们注意，但是可以肯定的是，我从前是一名“武官”，自然对军事上的事会非常感兴趣，这足够解释我的好奇心。我总是骑马去造访，穿着卡其布裤子和白色的运动衬衫这样的醒目服装。由于这些经常性的造访，士兵们熟悉了我的外表，并且从远处就能认出我来。我可以说，这种服装在很多情况下救了我的命，当士兵们因各种事情而紧张不安时，常常会向靠近他们位置的人开枪，但对我则是例外。我总是彬彬有礼地对待这些军官和士兵，像对待人一样地对待他们，我很快就变得和他们关系友好，他们也以最大的礼貌和友好对待我，他们对于我的请求，几乎是有求必应。当他们确信我是一名中立者，仅为报社服务时，他们像对朋友一样地对待我。而且可以说，当我待在战场上时，我经常拥有一段美好的时光。政府军队和讨袁军双方的军官和士兵对待我的行为完全值得表扬。当任何一位外国人与士兵发生问题时，往往都是他自己的过错，大多都是他自己缺乏礼貌。

作为一个例子，我将叙述下面的小插曲。

在一个政府军队的军营，其军官是一位非常优秀的军人，看起来他是一位有着深厚的中国文化的老绅士，他邀请我到他的房间稍事休息。对此我非常高兴地接受了，因为我已经超过140个小时没有睡觉了。醒来时，我向下看，发现一个年轻的外国小伙子正走向这位老军官，他当时坐在一个弹药箱上，在读一封信或文件，在他的前面是一位通信兵。这位年轻的外国人在一名士兵的陪同下走近这位军官，并用英语对他说，“喂，老家伙，有没有受伤的，有什么消息?”顺便说一下，这位老军官非常清楚地听得懂英语，但没有回答问题。这位外国人又用蹩脚的中文重复了一遍他的问题，结果却是，这位军官命令几名士兵把那个人请出了军营，自然没有给他任何答复。

当我下来时，这位老军官对我说：“鲁老爷，你看见那位年轻人了吗?你听，他对我是多么地不礼貌，我是一位老年人，并且是一名军官，你认为他敢像对我那样对自己国家的军官说话吗?他甚至没向我介绍他自己。

你会理解我不会与这类人有任何瓜葛的。”

我的许多名片对我帮助颇大，因为几乎在每一个部队，都有人即使碰巧不认识我，也已经听说过我，并向他们的战友解释我的到来。这经常使那些扣着扳机送我到他们军营的士兵变成了好性情的人，给我供上茶和烟，并请我与他们一同吃东西。

由于曾造访两派的长官，并向他们介绍我自己，交换了名片，有的名片我还保留着，所以有事发生时，我把名片给士兵们看就可以，不必麻烦地向不同的军官要通行证等。在整个革命的过程中，我都非常顺利。

到7月20日，谣言越来越多。我在法国租界和华界里安置的探子给我许多有关形势的报告，他们的消息足够使我确信战争不会在22日之前发生。因此，我用了一天来完成我的正常工作，并为以后从战地与我的报纸编辑联系作了准备。

7月19日是星期六，我用了一个下午到制造局作观察之旅，我坐的是黄包车，因为我认为照平常那样骑马去是不可取的。当我经过南京路时，遇到了许多难民，他们把自己的行李放在临时凑成的车子上，正在外国租界寻求庇护。当我坐车走过外滩，进入法租界时，我看到租界当局已经为最后的防御作了准备，建筑街垒所需材料堆在了麻烦可能发生的地方。跨越洋泾浜的桥梁被比平常更强的警力警戒，警察们与大量难民之间有诸多麻烦，这些难民是从华界来到法租界的。据我所知，一直到徐家汇的租界边界，都被来自通商口岸的士兵组成的不同的海军分遣队所保卫着。法租界也采取了同样的防御措施，仅有的不同之处在于：法国水兵组成的几个警戒队在不同的地方警戒，他们的武器是马克沁机枪和轻型野战炮。法国巡捕房与华界的入口非常靠近，这里建有一个用生石膏、砖和木头建成的强大街垒，并由法国水兵和安南警察强力保卫着，他们装备着法国勒贝尔式卡宾枪。当我经过街垒时，没有人阻止我，于是我进入了中国人的地界。南市码头表现出平常的样子，而且远不是到处增添了更多中国警察的样子，那里看来没有什么不正常的地方。虽然那里肯定有这种感觉，即“事情尚不确定”，但是民众没有表现出明显的不安迹象。这种不安宁笼罩在城市上空，难以描述，或者说难以给予准确的描述，但是每一个生活在东方的人都会理解动乱发生前的神秘凶兆。

那里没有讨袁军士兵的踪迹。随后，我经过中国码头时，开始看到单个的讨袁军士兵，他们穿着正规的卡其布制服，装备着步枪和刺刀，肩上扛着无数发子弹。在他们的左胸别着一条白亚麻布条，上面写着汉字，表明他们是讨袁军士兵。我发现汉字表明士兵归属于哪个部队，其他的意思是“讨伐袁世凯”。除了将讨袁军士兵与政府部队区分开这一目的之外，这布条也是一个士兵获取军饷的凭证，更被看作是佩戴着的防子弹的护身符。

携带大量弹药的讨袁军士兵

当我走近讨袁军领导人陈其美的司令部，哨兵越来越多，他的办公室在南市码头中国银行内的一座建筑里，离南市的市政府建筑不远。陈其美的司令部是一栋不起眼的两层楼，被讨袁军士兵严密守卫，他们让我通过，毫不怀疑就让我进了这栋建筑。进入这栋建筑后，我发现在一个大庭院里，一群招兵的军官坐在桌子后面，正在招募士兵。那里有许多中国人，自然不是他们当中最好的，他们追随陈其美，是因为他在文告和布告中给他的追随者许诺军事荣誉、大量的金钱、丰富的战利品以及“在袁世凯专制之下受难”的民众的感戴。跑堂的服务员、拉车的苦力都很高兴地响应这种召唤，并涌向案前，准备好回答军官们的问题，如他们的名字、籍贯，并接受发给他们的一小笔钱，作为他们被征为士兵后预先支付的军饷。显而易见，许多人是有前科的罪犯，他们四处游荡；许多学生放弃了学业，成了为自由而战的斗士，而且他们已把自己看作是未来的总督，认为什么事都不做就可以获得高额的薪水。在庭院周围的许多房间里，我看到大量的贮藏品、军火箱、水果罐头、各种武器以及红十字物资。

一名文职人员走向我，有礼貌地接待了我，并问我需要什么，他同房间内的每个人一样佩戴着白色的标记。我把自己的名片递给他，请他转交给陈其美将军，我想与陈其美进行会谈。这个人请我坐下来等待，同时把我的名片拿到楼上交给陈其美。在等他的时候，我看到已经应征入伍的新兵向我所在房屋附近的建筑前进，他们在庭院里接受发放的制服和军事装备，并在几名明显是政府军队中开小差的军官和男子的指导下进行训练。等了没多久，一位看起来伶俐的人走进我坐等的那个房间，并自我介绍说他是陈其美的秘书。他向我解释说，他的“长官”现在非常忙碌，他问我此次造访的目的，我告诉了他。同他谈了几分钟有关政治的事务后，我又提出自己想见一见陈其美，他犹豫了一下后带我上楼进入一个房间，里面已经有几个人坐着，他们显然是在等陈其美。他请我坐下后，进入了隔壁房间，几分钟后他回来了，请我进入陈其美的私人办公室（见下页图片）。

南市码头陈其美司令私人办公室

陈其美是看起来很聪慧的人，中等身材，戴金边眼镜，穿着便装，他有礼貌地与我握手，并表示他很高兴见到一名外国记者。请我坐下后，他吩咐为我供上茶和香烟，并与我交谈起来，这种交谈使我深刻地回想起了“中华民国”的领导者们。他用语言表达自己观点的方式简直令人钦佩，他是一位成熟的领导者。他高度地称赞国民党的使命，即把中国人从袁世凯的统治中解救出来，引入进步与现代教育，将北京专制者驱逐，他们错误地获得了君主才能拥有的权力。我问他的意向，他否认自己有进攻制造局的计划，他仅要求政府军队离开，并说流血对他来说是要受到严重谴责的。我猜测他说话的意思和目的是意图误导我，并用友好的言辞掩盖他的军事行动。我尽可能地环顾他的房间，发现他的桌上有几个计划和几张地图，但是这对我没有大的帮助。我感谢他的友好信息，并为打扰他并浪费他的宝贵时间表示歉意，随后我告辞了。陈其美陪我走到楼梯，在相互鞠躬了几次后，我离开了。我闷闷不乐，因为我所获知的关于他的打算还是同我这次会见前一样地多。

陈其美（上海讨袁军总司令，他指挥了对江南制造局的进攻）

我再次乘坐我的黄包车向前走，发现沿着南市码头部署了许多哨兵，他们从陈其美的司令部到讨袁军的第一个阵地连成了一条不间断的线，那个阵地在靠近沪杭站的老炮台。在路上，我发现南市码头的华人医院已改为野战医院，一面巨大的红十字旗在它的屋顶飘扬。

到达圣凯瑟琳大桥，我注意到一个设防强大的法国街垒，它建于徐家汇路和此路通向桥梁的一角。那里有许多车辆以及无数过桥而来的难民逃往租界。通向制造局的龙华路控制在讨袁军手中，他们正好控制了穿路而过的沪杭铁路。

在那里，我遇见了北军的第一个警戒队，我看到堑壕已经开挖。我对士兵们说了几句话，他们与以前的行为完全相反，并不健谈，这使我确信军事行动即将发生。沿着龙华路，我观察到北军的不同阵地，并且饶有趣味地看到防御工事与战壕是很新式的。当我经过北军最后一个阵地，并再往前走时，我发现一些前哨部队和警戒哨散布在田野里，他们尽最大可能地躲藏和隐蔽自己。制造局周围 1 英里的空地，看起来是所谓的“死亡地带”，没有任何武装力量。

没过多久，我注意到了讨袁军的第一个前哨阵地，它与老火药库和龙华村连接起来。钮永建将军的司令部在老火药库那里，他是最有能力的讨袁军领导之一。在龙华村，陈其美将军部署了强大的兵力，大约有 1200 名士兵，他们当中有部分驻扎在宝塔附近的寺院，部分驻扎在乡村。在搜寻情报方面，我无法从士兵那里得到很多信息，正如他们所对我所说的，他们厌倦许多外国人向他们问可能和不可能的问题，并且大多数是以一种令人不愉快的方式，于是我放弃了提问。

我回到城内，对自己此行的收获颇感满意。虽然我没有搜集到很多的信息，但是当观察不同阵地时，我已经看到足够多的东西。

第二天晚上，当我再次驾车外出到制造局时，一个错误的警报使我重复了同样的旅程。我注意到占据铁路交叉口道路的讨袁部队的警戒队增加了一倍。我的车后面跟着一辆汽车，里面坐着几个穿晚礼服的外国人。这些家伙不断的喊叫和大笑使我恼火，我注意到我们遇到的讨袁军士兵对他们的态度一点都不友好。当我到达铁路交叉口时，听到一声尖叫："站住！谁在那儿?"这让我的马夫突然停下车子。几名北军士兵整齐地行军，拿着手电筒，手指扣在他们步枪的扳机上，手持"准备就绪"的枪，靠近马车和我的那位瑟瑟发抖的马夫。我下了车，请他们允许我通过他们的防线。虽然他们认出了我，但是婉拒了我的请求，告诉我他们接到了严令，不许任何人通过。我请他们叫来主管官员，他们照做了。几分钟后，一名年轻的步兵中尉来了，他知道我的身份后，没有再多制造麻烦，同意我通过了。与此同时，在我后面那辆车内的人用所有可能的恶作剧自娱自乐。当这位军官问我，他们是不是我的同伴时，我高兴地用否定予以回答。于是他命令车内的人返回。他们开始吵闹，但是士兵们安装好的刺刀和怒目而视的样子表明他们大错特错，当时他们希望与士兵们开个"快乐的好玩笑"。

龙华路上圣凯瑟琳大桥附近的北军阵地

圣凯瑟琳大桥对面制造局大门旁的北军阵地

这名军官把我的马车交给马夫和几名士兵照看后，有礼貌地陪我走向制造局。在路上，我注意到铁路交叉口后面的公路被土袋子建成的路障拦住了，这种东西构成了阻挡步枪子弹的最好防护。我也注意到政府军看起来训练有素，他们整洁的外表和干净的制服给我很深的印象。士兵们装备的是毛瑟枪，部分是日本步枪，有时他们也携带大量的弹药。我看见一名士兵的子弹带大约有 300 发子弹，这对于欧洲的士兵来说是不可思议的。军士除了步枪和刺刀外，大多佩有连发手枪；军官们有剑和手枪。几乎每个人都有一个手电筒。

从靠近圣凯瑟琳大桥的铁路交叉口到制造局西边的最后一个阵地，北军占据的范围有 2 ~2. 5 英里宽。

在离北军最后一个阵地不远的地方，即制造局的西边，那位军官离开了我，并命令一名士兵带我经过前哨，以免我遇到麻烦。几乎每隔 50 码，我们都被问话，护送我的士兵向他的战友报出我的姓名以及口令作为回答。当到达最后一站时，士兵紧扣双脚跟，并把步枪靠脚放着，向我敬礼道别。

现在，我不得不穿过所谓的死亡地带，这里向西延伸约有3英里宽。我在路上毫无干扰地前进，直到道路一旁的灌木丛中发出一声响声引起了我的注意，紧接着一名讨袁军士兵从黑暗中跳出来，他的步枪已上膛，手指扣在扳机上，对我招呼道："什么事?"他认出了我，向我敬礼后，传了道口令。我发现路上到处是哨兵，小队的士兵或在路上巡逻，或坐在路上，严阵以待。工兵们铺设的战地电话为驻扎的分遣队提供了联系工具。路边有几辆弹药车，它们处在警戒队的保护之下。

走了大约3个小时，我到达了老火药库，这里离龙华塔不远。火药库是栋不起眼的建筑，被一个松江营强力守护着，这里是讨袁军将军钮永建的司令部。该建筑入口上悬挂着民国国旗，在它的下面是写着"讨伐袁世凯"字样的白色起义旗帜，墙上贴着大标语，号召民众保护和平或参加起义等。这个标语没有署名，仅有浙江军司令部的落款。

我请士兵们带我去见钮将军，他们很有礼貌，但是婉拒了我的请求，借口是钮将军已经入睡，不过他们同意我进入并四处看看。

正如上文所说，这个地方的驻军由松江人组成。浙江本地人占了士兵中的绝大多数，他们也控制了这条道路。这栋建筑里大多是步兵，但是我也见到了几名炮兵，他们告诉我，并向我展示了一个炮兵连的6门7.5厘米口径的霍奇基斯山炮和几挺马克沁机枪。我查看了箱子，里面放着炮弹，炮弹绝大多数是榴弹，仅有一些榴霰弹。士兵给我看了一栋大楼，据他们所知，里面贮存着几吨步兵和炮兵用的军火。后来我有机会确认了这一说法。大楼里人员往来频繁。不时有小分队来来去去，而且我注意到其中有的人仍然穿着警察制服，显然警察已加入到了讨袁军这一边。

我离开这些友好的士兵以后，继续前行，很快到达了龙华村，这里有寺和塔。寺庙也被由松江人组成的强大兵力据守，受陈其美将军指挥。我向遇到的一名上尉军官作了自我介绍，从他那里得知，他是林上尉，暂时指挥这些人。他在寺内建有营房，当他向我展示寺内的情况时，有些讽刺地说："陈其美将军愿意待在上海。"

我接受了他的邀请，坐下来喝了杯茶，并从他那里得知：当晚不会有什么事情发生。我坐在寺内大佛脚下的一个背包上，开始写自己的报道。

休息了一会儿后，我感谢了这位军官的热情款待，并告诉他，我想步行到龙华火车站。这位军官派了一名士兵陪我到龙华火车站，该站位于靠近黄浦江岸边的地方，仅有一小队松江人，守卫力量薄弱，他们大约有二十人，除了两名哨兵慢慢地走上走下提防着江面外，他们看起来已经睡着了。

那里没有什么可看的，所以我离开了。那名士兵告诉我，不要沿着铁路线返回，因为正如他所说，铁路线旁的灌木丛和草丛中躲藏着许多哨兵和前哨，我会有遭到射击的危险。虽然如此，我还是沿着铁路线前行，相信月光很亮，很容易让人认出我是外国人。

我没走多远，就从远处传来微弱的声音，是命令我停下来或类似的话。我没有听懂，紧接着一声枪响，子弹从我的耳边嗖地飞过，这种警告迫使我"举起手来"，虽然我宁愿把手放下来，然而我不能那样做，以免自己会有间谍的嫌疑。因此，我不得不经历不舒服的几分钟，直到几名士兵跑上来，发现我是外国人，并且看了我是报社记者的证明，他们为这一误会解释说：这里有许多中国人，特别是日本人充当间谍，他们为南北双方搜集情报，只要有可能就把情报出卖给他们。

这次事件发生后，我变得更加谨慎，以免被发觉，直到我走近制造局。在那里，我看到不太高的围墙，并爬了过去。我刚跳下去，落在墙另一边的地上，一声喊叫伴随着步枪枪栓的拉动声使我立即停了下来，一名北方士兵向我走来，从脸型看他显然是山东人。他不顾我试图解释，一句话也不说，手扣着枪扳机，把我带到一名军士面前。那军士用洋泾浜英语给了我下面的忠告："你再来，我打死你。你出去吧。"当一个训练有素的人站在一支装满子弹的毛瑟枪后面时，他知道怎样处理，加上枪上安装好的刺刀对一个手无寸铁的人所产生的影响，所以我没有忽视这个好建议，在一名士兵的护送下离开了。

谣传战事发生时离开华界的人群

我随后拜访了制造局东门对面讨袁军的一个强大的炮兵阵地，但是我在那里没有看到什么有趣的东西。炮兵们睡得正香，其他的人明显是夜猫子，他们组织了别致的小组，打牌、喝烧酒自得其乐。他们很友善地邀请我与他们一同享乐，我已经整整走了约 7 个小时，所以我高兴地接受了这个邀请。

黎明时分，已是凌晨 3 点半左右，我回到了上海。

◎ 第四章　战争的开始

几天过去了，不是没有各种谣言在中国人中引起极大的骚动，这让我几乎每个晚上都在观望，并促使我急忙赶到圣凯瑟琳大桥，但没有任何收获。

7 月 22 日是星期二，看起来危机已经来临。在那天下午较早的时候，当地居民甚至是外国租界中的居民中都有大骚动，于是我急忙赶到一个中国人那里，他住在法国租界，虽然他本人没有积极地参与革命，但是他与讨袁军的领导人有密切联系。这个人告诉我：战斗一定会在第二天晚上开始。与他交谈后，我驾车去华界并询问我安排在那里的探子，我得知当地居民非常恐惧，正尽快地逃往安全的避难地，因为他们预计讨袁军会夜袭制造局。

大约晚上 10 点，我在《大陆报》的诺曼先生和另外两位先生的陪同下，驾车去南市查明事情的进展。在法国租界边界靠近巡捕房的地方，我们的马车被法国人设置的街垒阻拦下来，但是我们设法通过了。在中国人的地界，我们看见一些中国义勇队和军警出动了，他们比前几天的人数更多，我们只开了几码，就被一个中国义勇队的首领拦下来，他建议我们立即返回，因为情况非常危险。在告诉他我们是报社记者后，他让我们通行了。我们首先驾车到了陈其美的司令部，我在那里请求会见陈其美。正如我所料想到的，秘书告诉我：约见陈其美是不可能的，将军正忙于准备战斗。我回到在马车里等我的同伴那里，然后我们回到南市的工部局，在那里我们与工部局的成员王引才先生进行了交谈，从他那里我们确信战斗即将来临，而且随时都会爆发。当我们正与他交谈时，一位穿着中国义勇队军官制服的先生进入房间，自我介绍说他是上海义勇队的主席和总指挥叶惠钧（叶增铭）先生。他坐了下来，于是我们讨论着政治形势，我们在交谈中获悉上海工部局已经采取了一个有些特殊的措施，"以使在公共租界的中国人维护和平、保持秩序"。

南市码头的临时路障

义勇队队长叶惠钧先生年事已高，但他是一位精力充沛、有活力的人，而且他非常讨厌上海城内和外国租界里中国人中的刺客以及怀有这种崇拜的人。因此，毫不奇怪，当几个家伙试图暗杀他时，他就把他们的朋友送交法办。根据叶先生的讲述，流氓为他设了许多陷阱，他已经好几次侥幸逃脱了他们的刺杀。这就是叶先生总是随身携带一把手枪以备不时之需的原因。他知道没有特殊的许可，一个中国人是不允许在外国租界携带手枪的，所以他已经请求外国当局给他携带手枪的必要许可，并指出自卫是他提出请求的唯一原因。

叶先生是一位知名的富商，法国工部局知道他提出请求的原因，并对他的保证感到满意，所以毫不犹豫地同意了。上海工部局婉拒了叶先生的请求，指出“鉴于公共租界内中国人数量的不断增长，防止中国人携带手枪是必要的，原因是由于粗心或坏人而引起的事端将会增加”。表明这层意思的信件是由上海工部局总办签署的，对于一个知名的中国绅士来说，这里将他与坏人或其他类似的事情相提并论，所表达的除了侮辱没有别的。

两位先生都非常难过，并说道：如果战争发生，上海的商业将要遭受巨大的损害和损失。

受伤者被送往医院

我们结束了任务，并重返陈其美的司令部，我们的车子停在房前等待。我们注意到：强大的分遣队士兵在南市码头集合，他们在整队集合后，编成了4个组，向制造局进发；他们大约有500人，分为5个连队。士兵随身携带大量的便携式马克沁机关枪，并且每一个连队都戴着用白手帕包着的手榴弹。队伍后跟着大量苦力，他们用大木箱子运送瓶装苏打水、甜食和饼干。许多讨袁军士兵都有红十字旗，但我没看见任何正规的红十字组织或战地队跟着他们。所有的士兵都戴着白色的讨袁徽章，并在枪管上系着白色的亚麻布条，以将自己和北军区别开来。我们上楼到了通往陈其美办公室的接待室，并坐下来等待这位将军。

众多旁观者中一位被偶然击中的人

大约是凌晨2：30，我听见一声沉闷的爆炸，接着是一枚飞行的炮弹穿破空气时发出尖锐的“砰砰”声，击中并部分地毁坏了一栋房屋的屋顶，随之而来的是一枚炮弹强烈的爆炸声，它是落到黄浦江，接触到江水时爆炸的。同时，我们听见了重炮的隆隆声和马克沁机枪发出的咔嗒声，这告诉我们期待已久的战斗开始了。

紧接着是一阵可怕的喧嚣，每个人都快速离开，士兵们、官员们、仆人们和其他的人开始了大规模的撤离。我们急忙下楼，在户外张望，周围围绕着数百名比划着手势、惊恐万状的当地人，我们听到的战斗声比楼上的更大，我辨别出炮火来自沪杭火车站方向。诺曼先生由他的翻译陪同，和所有其他人一样与我们一起下楼，与我谈论着。这时，一发炮弹击中了紧挨着我们的一堵墙的墙头，炸塌了墙，砖落在了我们的脚上。每时每刻都有东西在空中呼啸和盘旋，留在街上变得非常危险。《大陆报》的华人记者李先生陪伴着诺曼先生，二人在一个小巷里寻求躲避之处，他们很幸运地找到了他们的马夫，马夫带着他们回到了城里，因为诺曼先生想在第二天早上出版的《大陆报》上发表战斗爆发的新闻。

我也设法找自己的马夫，以便把我送到尽可能靠近制造局的地方，但这家伙已经赶走了我的马车。我被留在了街上，几乎是独自一人待在那里，因为其他人都已经找到了躲避的地方。南市码头这条街几分钟之前还有非常多的人，现在完全是空无一人，死一样地寂静，仅有隆隆的炮声、远处嘎嘎的射击声，以及从我头顶上空飞过的炮弹的啸叫声打破沉寂。

我急忙返回到陈其美司令部的门口，并上楼进入一个房间，寻找电话。一枚炮弹击中了房屋并损坏了部分屋顶，砖块穿过天花板落下来。我最终发现了一台战地电话，它与日常线路相连。一名士兵在那里，他躲在房间的桌子底下，用惊恐的眼神看着我。但是当我拿起电话用几分钟联系我的编辑时，他没有阻止我，这几分钟对我来说似乎是无限长久。我联系上我的编辑，并向他简短地报告了所发生的事情。结束了与编辑的通话后，我急忙下楼，徒劳地寻找着交通工具，以便让我更靠近制造局或者至少是沪杭铁路的终点站。但是街上没有一个人。我对没有发现任何交通工具几乎感到绝望，这意味着时间的浪费，于是我沿着南市码头向制造局快速行进。没过多久，我就看见一群人抬着一名呻吟着的伤兵走过来，那伤兵躺在一块席子上，席子用绳子绑在一根杆子上，由两个人抬着；而其他的人只是受了轻伤，走在这个临时扎起来的担架旁边。伤员是讨袁军士兵，而抬担架的两个人是穿便服的苦力。

我停下来，看着队伍走近，打算检查那名伤员。在这之前，我刚刚点了一支烟，这时突然从我的头顶上方传来一声尖锐的响声，这是熟悉的炮弹来临的声音，我迅速卧倒在地上。一道刺眼的闪烁之后，接着是一声可怕的巨响，这表明炮弹爆炸了。当我爬起来寻找先前看到的队伍时，只看到了一堆尸体，部分被炸得残缺不全，部分被烧焦。在地上的弹坑里，我发现炮弹恰好落在他们正中，将他们全部炸死了。

我继续向制造局前进，那里炮火越来越猛烈，紧张以及夏夜里的酷热使我气喘吁吁，我咒骂着让我东奔西跑的马夫，因为他连同我的马车一起都消失了。

一辆来自城里的汽车正全速行驶过来，我听到了它靠近的声音，我转过身看见汽车的前灯越来越近。我走到路中间举起手来，做着停车的手势。在汽车里，中国司机旁边有三个外国人，他们是美国海军上校查尔斯·伯特先生、美国驻上海总领事馆的约翰·威尔逊先生以及神户的格雷厄姆先生，他们已经尽可能多地看到了战斗的情况。我向他们作了自我介绍，他们接受了我的请求，让我搭便车尽可能地靠近交战区域。我紧挨着司机坐下，给他指路。几分钟后，我们来到了一个地方，在这里南市码头拐了一个弯，有道路通向沪杭铁路的终点站。我们半速开过人口稀少的街道；不久，我们就听见头顶上令人不舒服的步枪子弹嗖嗖飞过的声音。由于子弹飞得不高，所以汽车在我的建议下停了下来，并留在原地。我们沿路一直走到拐角处，从那里有路直通沪杭火车站，离老炮台不远。在这里，在一所房子的掩护下，我们遇见了一支讨袁军的小分队，它大约由250名松江人组成，由几名军官指挥，最高指挥官是一个穿着破破烂烂便服的人，名叫徐文斌（乃芳）。这些人主要是年轻人，男孩比成年人多，他们十分紧张，像一群受惊的羊一样蜷缩在地上。他们中的几个人举止像疯子一样，他们太害怕了，并试图丢掉他们的制服、步枪和刺刀。在那里，我们首次与交战中的讨袁军士兵相遇。子弹从墙角射过来，着便装的徐文斌徒劳地推着围在墙角的士兵，并破口大骂着。军官们也诅咒着，试图表现出精力充沛的样子，但他们和士兵一样很害怕，并且毫无经验。许多士兵呻吟着好像他们受了伤，并试着跑出去，但遭到了阻止。

战斗中的北军士兵

我们向拐角处窥视，但从那里射来的子弹很密集，所以我们只好等一会儿。最后，我不能再耽误时间了，于是告诉了和我一起的先生们，我们开始吹着“迪克西”口哨，并绕过这个角落。看到士兵对我们行为的反应是一件很有趣的事。他们像一群绵羊一样跟在我们后面，看起来好像我们是首领，因为士兵总是让我们走在前面。于是我们迅速地向前走，仍然吹着口哨，整个队伍都跟在我们后面，明显地情绪高涨。我们来到另一个靠近老炮台的角落，并在这里遇到了另一支讨袁军的分遣队，他们用马克沁机枪和步枪向制造局开火，但是由于距离遥远，这些射击很可能绝大多数没有任何效果。在这里，我们又停了下来。现在子弹从不超过1000码的地方射出，像冰雹一样地落下，击中地面时产生一小团灰尘。炮火非常密集，每时每刻都有一枚炮弹呼啸着穿过天空，在我们身后，红色的火焰摇摆着直达夜空，这都向我们表明发射的炮弹数量已经增加了。我们注意到这种现象发生了多次，并且稍后城中的大火也证实了这点，大火正是由我们看见的从头顶飞过的炮弹引起的。

我们遇见的小分队突然捡起他们的机枪，迅速地赶往火车站，我们被夹杂在了这群人中间。我们快速地走过这里与火车站之间的路程，其间有几个人掉队了，他们被子弹击中，呻吟着，尖叫着。炮弹一度击中我们左边的建筑物，使房子着起火来。人们跌倒或被绊倒，当我们到达沪杭火车站时，我们很高兴，士兵们在火车站底层的房间里寻求藏身之处。他们先是用自己的步枪枪托砸烂门锁，然后翻过环绕着整个车站建筑的防护栏。在火车站的大厅，我们短暂地休息了三五分钟，徐文斌告诉我：他们打算从这一边攻击制造局，增援已经投入战斗的讨袁军部队，因为这些作战部队的力量明显很弱，难以取胜。我的同伴们更愿意躲到车站建筑的保护之下，而我加入了大约100人的步兵分遣队，他们正排列成行，继续向制造局进发。北军向我们发射的炮火是如此猛烈，以至于我们的分遣队在丧失了超过一半的人员后，不得不派人给火车站报信，请求增援。我和通信兵一起返回，不过仅是为了寻找电话与我的报社联系。大楼的二楼有一部电话，一个明显知道地方的士兵告诉了我。我们上了楼，但是当我们来到二楼的露天阳台时，差点被一枚炮弹击中，那枚炮弹来自制造局，从我们左边不超过10码的地方掠过，并击中了墙，在墙上撞开了一个大洞，但幸运的是它没有爆炸。我们再次用步枪的枪托砸开门，然后进入房间，我试着给报社打电话，但是发现线路被毁坏了，就放弃了。我下楼寻找我的同伴，但没有看见他们。于是，我又加入了一个正动身前往战场的步兵分遣队，并再次开拔。田野不利于部队进攻，到处有小溪，它们的堤岸非常陡峭，士兵们常常没有任何遮掩地暴露在炮火之下。我们来到一片黄瓜田或类似的地方，当我们经过时，榴霰弹在我们上方爆炸，炸死三人，大约三人受伤，其中一个倒在非常靠近我的地方，当他被弹片击中而导致手中的枪掉下时，安在步枪上的刺刀刺伤了我的右前臂。在大约50码的急行军后，我们到达了一个长长的小山丘，我们在山后停下来，寻找躲避炮火的地方。在那里，我们度过了一段非常糟糕的时间。步枪的射击非常密集，每时每刻的尖叫都显示有人被击中，我数着有4枚炮弹正好在我们头顶爆炸，有许多人伤亡。士兵们变得骚动起来，军官们昏了头，不知该做什么。撤退几乎是不可能的，因为我们必须再次穿过那片没有任何遮掩的地方，然而在猛烈的、毁灭性的炮火下继续待在这里是非常危险的。我四处寻找可能的藏身之处，但是一个也没找到。于是，我放弃了，让自己听从命运的安排。我点燃了一支烟，然后护理大量的伤员，尽我所能地包扎他们的伤口，由于手边没有任何包扎材料，我不得不用了我的手绢和一些碎布。

我的态度似乎影响了士兵。他们忘记了危险，并竭尽全力地帮助我。但可悲的是，许多帮我把伤员安置到稍微安全一些的地方的人，很快自己也需要帮助了，因为他们被猛烈的炮火击倒了。与此同时，军官命令他的士兵开枪，他看见敌人在靠近，并用嘲讽、冷酷无情的话语说着陈其美。因为陈其美下令攻击制造局，但是他没有采取任何措施支援进攻者或使他们彼此之间保持联系。那里没有通信兵、传令兵，与司令部没有任何联络，这名军官甚至不知道司令部位于何处。他所知道的全部信息就是：进攻是从龙华开始的，部队在制造局周围形成了一个包围圈，但他从未接到任何命令，每个分队都不得不各自为战，全凭它的军官的能力，他们大多数都没有受过任何军事训练，并且对作战没有丝毫经验。

有一阵子敌人的炮火变弱了些，我们的人发起了猛冲，冲到了非常接近制造局的地方，那里与制造局相距约100码以内。我跟着他们，看见政府军躲在他们的防御工事后面，正像训练有素的欧洲士兵一样沉稳地开着火。每当讨袁军人数超过他们时，他们都秩序井然，像在射击场一样地进行射击。但射击的减弱明显地表明这只是一次佯攻。我们的讨袁军士兵一靠近敌人，就遭到了致命的精确射击，于是他们转身逃跑，以求安全。他们中的许多人是从后面被击中的，当我们到达第一个阵地时，那里的人数不到发起进攻时的一半。

尖锐的哨子声响起，我们撤退了，士兵们尽力地抬着伤员和他们一起撤退。在这种情况下，我也注意到讨袁军士兵所受的训练是多么糟糕，难怪他们的射击对北军造成的损伤不大。因为他们的射击没有瞄准，也没有目标；许多士兵把枪举在头上射击，并将弹匣里的所有子弹射完。我指挥和示范士兵们怎样用步枪、外套和子弹袋做担架，然后我们返回发起攻击的地方，从这里到火车站仍然处在猛烈的炮火之下。讨袁军士兵在交战中表现出良好的坚定性，而且新兵占了其中的大部分，他们在优秀的、有能力的指挥者带领下肯定能被“训练好”——这正是讨袁军所缺乏的事情，虽然他们的指挥者不乏个人勇气。

于是我们撤往火车站，到那里我遇见了我的同伴们，并立即着手救治伤员。在大楼底层的一个房间里，我们发现了大量包扎伤口的用品，如原棉、绷带、皮肤用药、止血带等，几瓶白兰地和许多罐头。我们将伤员一个挨着一个地安置在房间里的一张草席上，并检查伤口，但是必须要赶紧进行检查，因为射击又开始了，炮弹在大楼周围爆炸。我们在他们的伤口上撒了一层皮肤药粉，把一块消毒的纱布放在伤口上，并用绷带将伤肢包扎起来。然后，我们将伤员转移到另一个房间，放在那里等待救护车的到来。在我们工作期间，一支被击败的分遣队回到房屋内，很惊讶地看见我们在工作。军官们对我们表示感谢，并给我们水果罐头和茶，对此我们很高兴地接受了。

当所有的伤员得到照料，并被安置到不在制造局火力范围内的房间里后，我们又走上站台，四处张望。

我发现讨袁军已经——我不知道来自哪里——得到两门7.5厘米口径的轻型霍奇基斯野战炮，他们把炮架设在火车路基上。通过这种方式，他们调整炮的瞄准器，很显然这些人只受过极少的炮兵训练。在经历了许多麻烦后，炮瞄准了目标，负责放炮的士兵笨拙地拉动了炮绳，以至于炮偏离了方向。尽管他们很无知，但是他们还是设法击中了两三次，而且我们看见炮弹击中了制造局附近的一栋建筑，这引起了炮兵们的欢呼。但是，他们的快乐是短暂的。

炮兵们又射击了一次，然后向前推进。通向制造局的铁路上有一个用波状铁皮建造的小铁路信号屋，这里离车站大约50码，讨袁军拖着炮向此处进发。到达该地后，我靠近那门炮，观察他们如何瞄准，因为令我很感兴趣的是：讨袁军是否会运用所谓的“间接射击”。这时一枚来自制造局的炮弹落在我们左侧不到20码的地方爆炸，并炸死了几个人。两名炮手倒在地上，当我扑倒在地时，一块弹片差点击中了我。当我站起来时，另一枚炮弹射来并爆炸了，几乎炸死了所有剩下的人，并摧毁了两门炮中的一门，它的轮子被炸碎了。这是讨袁军士兵“溃散”式退却的一个信号。几名士兵扔掉他们的武器开始逃跑，但许多人被子弹击中。我向回爬去，首先从太暴露的路基上滚下去，然后四肢并用地爬回到车站。大约在上午6点30分，我到达终点站，在那里遇到了我的同伴们，他们很高兴地迎接我，因为他们认为我很可能也挨了一颗子弹。

我们举行了一个军事会议，并仔细考虑我们怎样才能回到自己的车上，我们相信车子仍在老炮台不远处等我们，我们正是从那里离开它的。除此之外，我不得不回到城里，以便给报社传递消息。于是，我们最终同意尽可能小心地爬回汽车处，尽量避免被发现。

在与车站上的士兵迅速告别后，我们进入站台，开始撤退，这时一枚炮弹突然击中了离走在我们前面的伯特上校很近的一辆铁路机车，炮弹撞破了机车，但幸运的是没有爆炸。毁坏了的机车碎片像小冰雹一样在伯特上校周围飞着，幸运的是他没有被击中。从这突然的撞击带给我们的震惊中恢复过来后，伯特上校捡起了一片几乎撞到他头上的木头碎片，以之作为此次事件的纪念品。

敏体尼荫路上的棺材

（圣凯瑟琳旅馆）

圣凯瑟琳大桥旁边的法国街垒

我们费了很长时间才回到汽车旁，其间由于枪林弹雨，我们有好几次不得不停下来。然后，我们的汽车以最快的速度往城里赶。回到城里后，我喝了一杯“威士忌苏打饮料”，并与我的编辑进行了短暂的交谈，告知他我所看见的，然后又匆忙赶回交战区。

在那里，我通过许多调查发现：讨袁军大约在凌晨3点已经开始了对制造局的进攻，首先是从龙华开火，正如前面所提到的，讨袁军在那里驻扎有强大的队伍。这次进攻开始于讨袁军在制造局北面靠近圣凯瑟琳大桥的阵地和东面离沪杭火车站不远的阵地。讨袁军以非常猛烈的炮击来支援他们的步兵前进，步兵们反复攻击政府军的设防阵地，但没有成功。他们指望停泊在黄浦江的舰队支援他们，但是由 5 艘巡洋舰、2 艘江防炮舰和鱼雷小艇组成的这支舰队忠于政府，它们的重炮支援着制造局的守军。顺便说一下，这支舰队的火炮虽然很弱，但现在能击退持续不断地进攻，让不惧怕猛烈、持续的炮火而拼命前进的讨袁军遭受了重大的损失。不仅如此，政府军队还获得了巨大的胜利，他们离开自己的阵地大胆出击，成功地将讨袁军从他们据守的、位于上海西面的黄浦江旧炮台的坚固阵地上驱逐出去。在那里讨袁军有三个炮兵连，拥有 18 门野战炮。讨袁军的炮兵看见北军靠近，仅进行了一阵无力的抵抗，然后就逃跑了，因此突袭显得是一场轻松的游戏。野战炮被带回制造局，在经过检测后，它们成了守军强有力的支持力量，因为这些野战炮和制造局中的炮是同一个口径的。

大约上午 11 点，我离开沪杭火车站，沿着道路朝圣凯瑟琳大桥继续前进，法国水兵已在通往租界的路上用沉重的混凝土下水管道设置了路障，这构成了一个很好的防弹掩体。我推测，那里有大量的讨袁军扔掉了他们的制服和武器，想从交战区域逃进租界。他们涉过边界的小溪，将每一件能表明他们是讨袁军士兵身份的东西都抛弃掉，并寻找藏身之所。一小股士兵试图带着他们的武器进入租界，遭到了警卫的阻止，只好返回。类似的情景也出现在徐家汇路沿线，在那里的好几个地方，溃败的讨袁军试图进入法租界，但被驻守在那里的法国警卫、安南警察和法国志愿队缴械并制止。

圣凯瑟琳大桥周围的情况表明在它的附近发生了一场激烈的战斗。路上的几个地方布满了弹坑，附近的房屋也有子弹的痕迹。

龙华路河南会馆的断壁残垣

过桥后，房屋和建筑显示了更多的整夜战斗痕迹。河南会馆的建筑靠这座桥很近，它被一枚炮弹击中而起火，并被摧毁。只有几堵主墙仍然矗立在正冒着烟的废墟中。再往前走，我注意到相当数量的房子都遭到了一定程度的破坏。一座靠近圣凯瑟琳大桥的庙宇被几枚炮弹击中，它的屋顶遭到了部分破坏。庙宇的大门开着，让我惊讶的是里面有许多外国人正忙着抢劫，他们大多数是我面熟的上海侨民。这些家伙来的时候穿着大衣和雨衣——不顾炎热——并用这些外套掩藏偷来的贵重物品。一个家伙甚至试图搬走一间大厅中的一面黄铜锣，由于它太重，他不得不放弃，将之留在原处。很快就有大量的中国人和外国人加入到这些人的行列，他们拿走所有能带走的东西。那里没有警察阻止他们，当我尽力阻止他们时，我仅得到了无耻的回答。我试图召集一些警察，但是这些人很害怕，什么也做不了。因此，当第二天许多被这些幸运的家伙们的故事吸引而来的打劫者失望而归也就不足为奇了，因为庙宇里几乎所有的东西都被抢光了。甚至连神像上的丝绸长袍都被拿走了！

北军守卫着通向制造局的一侧

通往制造局的道路上覆盖着被夜间的枪林弹雨从树上打落下来的树枝。当我离开大路并穿过田野时，我偶尔发现了几具讨袁军士兵的尸体，他们是在最近的战斗中被打死的。但是，我被迫回到大路上，因为北军士兵在远处显然认不出我，朝我打了几枪。

当我到达铁路道口时，我发现政府军队建立了铁丝网，因此道路受阻。此外，列车经过时用来阻止交通的铁路栏杆已经关闭。在所有这些的后面，一个约10人的北军巡逻队驻守在铁路警卫的营房里，他们向每一个靠近他们的人射击。当我更靠近一些时，一个士兵向我喊话，但他在认出我之后，让我通过了。我问他有关昨天晚上那场战斗的情况，他没有给我满意的答复，因为他害怕给自己的长官招惹麻烦。因此，我请他护送我到指挥官那里去。

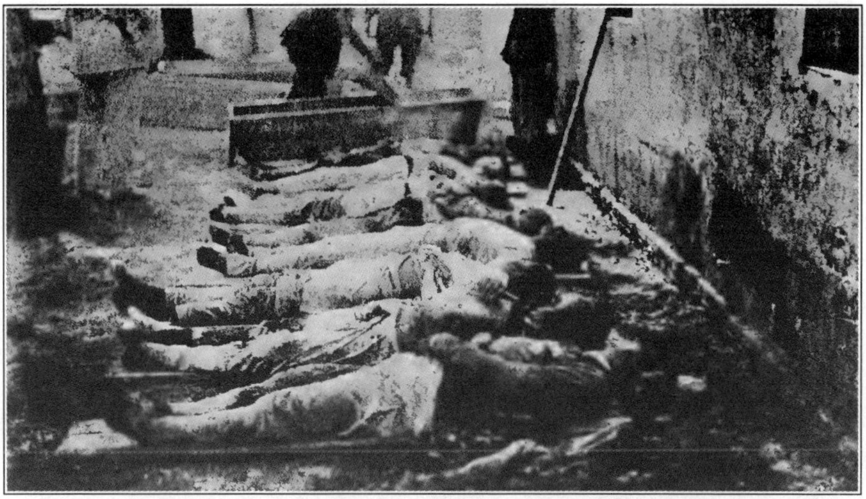

红十字会的掩埋队在沪杭火车站附近掩埋战死的士兵

那名士兵扛着枪，带我来到了铁道路口后面用沙包制成的第一个街垒，然后又到了十分靠近制造局北大门的主街垒。我不得不等了几分钟，直到魏清和少校到来，他友好地接待了我，并向我介绍了最新事件。在那里，我确信：北方士兵成功地攻打了老炮台，并缴获了 18 门炮。驻守那里的是“敢死队”，臭名昭著的刘福彪是其首领；他被迫撤退，部分原因是由于他的士兵胆小，这些士兵撤退时还把炮留给了敌人。

我进一步了解到相当数量的日本人试图进入制造局。这些人当中有几个人明显是间谍，他们穿着一种制服，并带着红十字标记，虽然他们一点也不知道怎样包扎伤口，但是他们却假装是红十字会的成员。魏少校告诉我说，两个穿着外国人服装的日本人最初想冒充中国医生通过，但当他们被告知没有特别许可而进入制造局的每一个中国人都将被当作间谍时，他们宁愿说出自己的国籍，并开始进行抗议。他们被带离制造局，但是这两个家伙又返回来了，并被发现他们进行画图等活动的士兵所抓获。我不知道他们最终的命运如何。

制造局内的红十字队（海筹号巡洋舰在后面）

当和士兵交谈时，我很快发现这些人的精神状态极好。当他们告诉我他们在夜间经历的各种冒险，并告诉我他们从来没有害怕过“小妖”和“土匪”时，他们高兴地笑着。他们一致宣称：讨袁军一直在猛烈地进攻，但想要遏制他们是很难的。他们还告诉我，他们的探子穿着便衣混在讨袁军中，这些探子已经告知他们说讨袁军很怕北军，迷信地说这些人刀枪不入。

由于我想要带着自己搜集的信息送回报社，所以我尽快地返回到圣凯瑟琳大桥，将消息传递给一个在那里等我的人，然后又开始返回制造局。当到达靠近铁路道口的庙宇时，我看见大约 200 名讨袁军士兵，他们告诉我，他们是南京人，并且他们没有佩戴讨袁军徽章。这些人告诉我，他们是在那天早上到达的，以增援进攻制造局的讨袁军。这些人看起来很聪明，行为举止得体。

制造局内的北军步兵（拍摄于1913年7月25日早晨的交战中）

当我到达日本人的学院时，一个日本人从门口出来，有礼貌地问候我，并自我介绍说他是一名日本医生，是军医。他告诉我说，帮助制造局中的伤员是他的愿望，并请求我允许他跟着我进入制造局。我谢绝了，但是这个人跟踪我，并试图进入制造局，他欺骗士兵说他是我的朋友。我很快就发现了，告知士兵实情，随即他们不顾这个日本人的抗议，将他赶了出去。

我现在进入了制造局，在那里我大约待了3个小时，我从一处游荡到另一处，拍摄了大量关于当时场景的照片。我看见东门附近，成排地摆放着18支从讨袁军那里缴获的枪支。几个士兵正忙着检查枪管和枪机。在那里，我从一名军士了解到，太多的日本人想进入制造局。

我漫步穿过许多街道和小巷，直到我到达江南船坞。北军在这附近建了一座战地医院，由一名住在一栋建筑内的中国军医监管，这栋建筑是制造局的一名外国助手离开前的住所。我发现这里只有一个人，他的左手有一些轻微的瘀伤。这里已经为接收大量伤员做好了一切准备。当我到达制造局码头时，守卫在铁栅栏附近的一名中国海军士兵向我喊话，命令我返回。在解释了一番后，他叫来了附近的一名正在某个临时办公室工作的军官，在我简要地解释了自己访问的目的之后，这名军官允许我通行。当我到达码头时，看见几艘汽艇正沿着码头被拖行着，红十字的旗帜正在船头飘扬。我在这里遇见了柯师医生，他是在沈敦和的陪伴下，坐着一艘汽艇从上海来到制造局的，当时他正忙着包扎几名受伤的政府军士兵。这些士兵得到急救后，又被送到汽艇上，以便运到上海的医院。柯师医生把我介绍给掌管汽艇的汉阳铁厂的孟纳司先生，然后我们上船过河了。到达对岸后，我们前往孟纳司先生的住宅，这时我们注意到一艘飘扬着红十字旗的汽艇，但很明显船上没有任何船员。我们检查了这艘汽艇——它属于一家日本航运公司，但是艇上既没有红十字会工作人员，也没有任何包扎伤口用的材料。当走近孟纳司先生的住宅时，我们看见两个穿着外国人服装的日本人，他们看见我们靠近时，企图离开。我们拦住他们，并问他们来的目的，他们却用一种明显的日本式的傲慢回答我们。我们很快发现这两个家伙企图做间谍活动，因为他们随身携带着地图、双目望远镜和指南针。此外，我们同行者中有一位想起来，他曾看到其中的一个日本人在一艘日本战舰上。毫无疑问，这两个家伙是日本军官。我们严正警告他们，并且一直等到他们上了自己的船并匆忙离开为止。

在浦东那边，我们注意到炮弹和子弹造成的不同损害。我们留在孟纳司先生家中直到午饭结束——这是我们全体渴求的，然后我们坐汽艇返回上海。

下午相对平静。敌对双方间继续着杂乱无章的炮火往来，但并没有形成重要的战斗。讨袁军一直尝试向前推进他们的前哨部队，但是没有成功，因为北军保持着高度的警戒。下午晚些时候，讨袁军强大的增援部队到达，他们部分来自松江和梅家弄，部分来自浦东，这些部队加强了制造局周围形成的包围圈。

“弗朗茨·约瑟夫一世”号舰上的水兵在徐家汇路上警戒

所有的一切都很安静。北军士兵用短暂的时间来睡觉和休息，其他的人则清洗自己的制服和武器。当我看到形势没有变化时，便回到城里，去了解那里的事态进展。

在租界里，志愿者在7月23日凌晨大约3点钟时被召集起来准备战斗，他们被分到不同的地方，承担军事保卫任务。“A”队负责浙江南路地区，“B”队被派到浙江北路周围；同时，美国人沿着威海卫路和大西路进行警戒。浙江路穿进法租界的地方，被一个坚固的街垒保护着，街垒后面有40个人带着一挺马克沁机关枪驻扎在那里。由于预计讨袁军将试着从闸北穿过租界增援制造局，所以这个地区由港口战舰上的海军分遣队和志愿炮兵强力保卫着。

制造局附近遭到损坏的房屋

在城里，我也了解到：中国电报局的前任经理唐元湛在被证实与讨袁军领导人关系密切之后，已经被迫辞职，并把职位交给了被任命为监督的袁先生①，唐在大约12位想驱逐袁先生的年轻国民党人的帮助下，试图控制电报局。双方之间没有进行任何谈判，最终通过一个外国人的干预，悬而未决的问题解决了，双方坐下来，在了结了所有的骚动和麻烦后，共赴盛宴。整个事情的发生在某种程度上可以说为一出喜剧性的歌剧提供了良好的素材。

① 即原中国电报总局监督袁静生。

◎第五章　绝望的企图

晚上其余时间都保持着平静，直到晚上9点30分的时候，突然有步枪射击，很快就夹杂着隆隆炮声。我试图找到一辆车把自己送到交战区，但是我不可能找到车子，因为马夫和汽车司机太惊慌了，甚至不敢把车子驾驶到打仗方向的地方。所以，在找到车子之前，我遇到了一些麻烦。

最后，我找到了一辆汽车，在一名想让我把他带到战区的年轻外国人的陪同下驶向圣凯瑟琳大桥。

我们沿着徐家汇路，驶向圣凯瑟琳大桥，虽然有几发子弹从我们的头顶穿过，但是并没有受到影响。我们到达了圣凯瑟琳大桥，我暂时下车，向街垒里的法国军官们了解我到达之前发生了什么，然后独自继续调查。但是，我刚刚离开汽车，就在下水道躲了一会儿，这时就有几发子弹危险地嗖嗖作响靠近我。车里的那个人非常害怕，他完全不顾我的劝说，开着我的汽车离开了，把我独自一人留在那里。我不顾打来的子弹，跟在车后面跑了一小段路程，并试图说服他停下来，但是无济于事。那个人和他的中国司机太害怕了，前者宁愿回到上海，然后在那里吹嘘自己的英雄事迹。

在被弃而不顾的状态下，我除了躲在街垒后面外，没有更好的事可做，并且只能在那里等到枪林弹雨慢慢过去。指挥这支分遣队的法军军官是“果断”的列斐伏尔上尉和法属安南警局的奎里希中尉，后者是一名曾多次服现役的久经沙场的战士，他简单地告诉了我下午发生的事情。我们把这个街垒取名“圣凯瑟琳旅馆”，我在这里等了一会儿，听到外面有汽车开来的声音。汽车里的两位先生是上海市警察局的官员，他们很友好，愿把我带回上海，而我想在上海另外弄一辆车送我到徐家汇，从那里再步行到龙华。

到了城里后，我成功地找到了一辆汽车，乘车前往徐家汇，去看事态如何。到达天文台后，我拜访了指挥水兵分遣队的法国军官，得知什么事情也没有发生。但是，当我回到原来停车的地方时，却发现司机显然是出于害怕，没有等我就返回上海了。因此，我不得不步行回徐家汇路。我意外地碰上了一名外国人驾驶一辆汽车正驶向那个方向，他超过了我，于是我请求搭个便车，并向他解释了形势。那个人是德国人，他一知道我礼貌请求的目的，就说他正“忙着”，拒绝让我搭便车。我走着走着，更幸运地遇到了另一辆汽车，里面坐着两名美国海军军官，由他们的夫人陪同，他们驾车外出是要看看战斗进行的场面。他们把我带到靠近圣凯瑟琳大桥的地方，在那里我下了车，偷偷摸摸地越过小溪，向制造局走去。走了一小段路，我到达了讨袁军的一个阵地，他们正在迅速地向制造局推进。我跟在前进的士兵之后，走到了与北军的一个阵地非常近的地方，突然大约有20人，从草丛中跳出来，向我们的侧翼发起猛攻，原来我们遭到了一支监视我们前进的北军分遣队的伏击。黑暗中，一场凶残的战斗打响了，几名交战者扔掉了步枪，试图屏住呼吸。由于我完全没有武装，我想尽快脱离混战，但是好几枪已射向我，两发子弹穿过衣服，擦伤了我。我当时打算躲到一片灌木丛后面，但被人抓住了脖子。我转过身，幸运地用上钩拳击中了那家伙的面部，迫使他放开了我。接着，我伏在地上，尽可能地掩藏自己，等待交战的结束。战斗导致3名讨袁军士兵死亡，数名受伤。这次袭击之后，北军撤退了。讨袁军士兵重整队伍，再次发起攻击，但是被击退了，北军的火力构成了一个无法穿越的包围圈。

北军在7月23日夜出击中缴获的野战炮

龙华路上的北军阵地，位于穿过圣凯瑟琳大桥旁的铁路附近

从这个阵地，我继续往前走，观测到讨袁军的不同阵地，直到拂晓讨袁军和北军都撤退到原有阵地，也就是夜晚他们放弃的。一切又变得平静，所能听到的只有猛禽嘶哑的叫声，或是可怜的伤兵的呻吟。没有人照顾这些伤兵，因为红十字会的工作者不能靠近他们，原因是发生了应受谴责的误解，即红十字会遭到了枪击。

天亮了，明亮、无情的太阳将光芒照耀整个战场。现在，我面前摆着一个非常艰巨的任务，我不得不穿过讨袁军与政府军队之间的空地。当我走向制造局时，可以说我的步伐比我参与任何战斗时都要沉重。一个人也没有看到，但是总有子弹从耳边呼啸而过，打在我旁边的石头上和树上。对我来说，匍匐而行是不可取的。这种行为会使双方都怀疑我。因此，我不得不挺直着背，径直往前走，尽最大可能地展现自己，以避免出错。我非常清楚自己身处危险，只要任何一个有排外情绪的士兵举起步枪瞄准我。没有人知道我会怎样和在何地死去，没有人能查出谋杀我的人。但是，我相信自己的好运，并能一路顺利。

在圣凯瑟琳大桥旁执行任务时，红十字会的野外队面临着危险

我来到离制造局西门旁的桥梁很近的地方。在这里，一件有趣的事情发生了。一支政府军的分遣队控制了桥梁，并守卫在这里。桥梁跨越造纸厂附近的河流。一支在数量上远远超过北军的讨袁军队伍试图过桥，以接近制造局。北军与南军都非常勇敢地作战，但是前者发现自己太弱，不能抵抗更长的时间，试图孤注一掷以求胜利。在控制着桥以抵抗数量上超过自己的讨袁军之际，他们派了一些人回去，找了一些易燃的材料，然后这些士兵在他们的战友背后放火。当火冲天而起时，勇敢的守卫者穿过火焰跳回去，并射击，他们使进攻者不能继续前进。桥被火烧毁了，讨袁军被阻止了前进的步伐。

铁路桥经过的河流对面，类似的情景发生了，仅有的不同之处在于没有把桥点燃，桥面没有完全覆盖，留有空隙，因为这座桥不是为通行准备的，而仅是让铁路通过。因此，许多讨袁军士兵从桥上掉进了小河，有的被淹死，有的被北军准确的射击所击中。

无论何时，他们的人数都超过政府军，尽管讨袁军不顾一切地进攻，看起来他们并不怕死，但政府军还是坚守着这座桥。

我又来到制造局的北门，魏清和先生是这个地区的指挥官，他很高兴看到我完好无损、平安无事，他向我描述了昨夜的进攻及其对他这边的影响。我问他，将我视为讨袁军差点打死我的士兵是不是属于他的部队，他无法给我任何解释。士兵们大多不能注意到有一个外国人“险些丧命”。魏先生很满意地向我展示一个炮兵阵地，它正好建于制造局入口处的墙上。那里安置了一门7.5厘米口径的霍奇基斯野战炮，它给讨袁军造成了重大损失，因为它居高临下，从那里可以很好地发现讨袁军的所有行动，甚至在夜间也是如此。夜晚，制造局和舰队的探照灯将一切都罩在亮光、白光和混合光的照耀之下。

但是，考虑到这类武器的使用，这个阵地有一个缺点，它相对过高。

好几次，炮弹都落在了法租界和公共租界，二者正好位于这门大炮炮口北面的垂直线上，于是引发了强烈的抗议，说北军有意向租界射击。我从前是一名炮兵，我可以说所有这些谣言都是没有根据的。如果有一枚炮弹落在租界，那仅仅是北军炮兵间接错误所致，因为他们不能把炮升到必要的高度，而这是大炮覆盖短距离时所必需的，以便使炮弹有一个更长、更陡的攀升过程。在这种情况下，榴弹炮是一种可以使用的炮，但是由于北军一门都没有，他们不得不在当时情况下尽可能地自己解决。除此之外，那里只有装有定量炸药的弹药筒，榴弹炮弹药筒允许通过减少或增加火药量来控制大炮的跨度，但是在这种情况下是不可能的。

当观察这个炮兵阵地时，我发现炮手们照管大炮时用的是任何一个外国炮手都会用的那种准确、精确且训练有素的方式。有一个人观测目标，并且“数据”非常精确。当我在观察这门大炮时，讨袁军试图突破街垒，这门大炮起了作用。我有理由赞赏政府军炮兵的出色工作，他们把自己的大炮瞄得很准，并且在某种程度上用一种炮兵的眼光来看都是让人满意的。步兵同样值得赞赏。他们在哨子发出的信号下集合起来，拿起武器，迅速开火，这使得讨袁军在战斗仅仅持续了几分钟后就撤退了。我从自己所在的高处，拍了几张照片，给优秀的炮手也拍了几张快照。

制造局大门上的北军炮位，来自那里的炮弹落入了外国租界

北军步兵在作战（7 月 26 日早晨拍摄于圣凯瑟琳大桥附近）

战斗之后，我走下楼，向魏清和先生表明了我对他的手下有效工作的看法。魏先生向我表示感谢，并补充说道："您一定要谅解我手下的脏制服，他们大约已经坚守阵地 48 个小时了，几乎没有休息。"这些话表明了官兵们的坚强。我也注意到，许多人被敌人的子弹击中，并没有去医院，而是尽可能地包扎好伤口，坚守岗位。

因此，海军上将郑汝成是非常正确的，当我问他在战斗中表现出色的军官和士兵时，他的回答就是：“在我的军队里，军官和士兵都同样恪尽职守，保卫制造局。因此，他们特别的功绩并没有差别。”

任何一名指挥官都会为能给出这样的答案而感到骄傲。

我了解到制造局的驻防部队有 98 名军官、1301 名士兵，士兵中还包含 197 名工人。这些人组成了一个步兵营和一个炮兵连，步兵营有 4 个连，每连士兵数量都达到了最大值。

关于防御工事，防卫部队做了所有必须做的事。

制造局的各个门及其周围的地区在下列军官的指挥之下：臧致平指挥海军护卫队；魏清和指挥第一连；周孝骞指挥第二连；高全忠指挥第三连。

与医院相比更喜爱前线的北军伤兵

北军步兵在作战（拍摄于7月25日早晨的一场战斗中）

一所由几个中国军医负责的战地医院已经建立，有足够的士兵在情况紧急时被命令充当担架员。

当我把所有这些信息记在纸上之后，我便告辞，开始离开制造局，穿过田野，以便到达讨袁军的阵地，去看看那里的情况。

我走过一条通向制造局西门的过道，那里用沙袋构筑了坚强的防御工事，装备了几挺马克沁机枪。抵达这里，我请负责的军官给我派一名卫兵，带我经过政府军队的许多哨兵和警戒部队，因为我已经几次遇到他们向走近自己的每一个陌生人开枪。我的请求被同意了，一名士兵作为我的卫兵带着我离开。

这名士兵沿着河岸带路，友好地与我闲聊，并给我指出哨兵驻扎的地方。

我们沿河岸走了几码，这时我的注意力被吸引到一群士兵身上，他们的步枪上了刺刀，押送着3名双手被绑到背后的犯人。当我接触到这群人后，我问犯人犯了什么罪，因为把战犯捆绑起来是不常见的。我从这个分队的指挥官那里得知，这几个男人是在制造局周围侦察时被抓获的，他们被带到军事法庭，已被判处枪决。他们正在走自己的最后一程路。

犯人们平静地走着，他们对正等着他们的命运没有表露出任何紧张，他们那傻傻的脸上肌肉僵硬。

这个小分队走到了靠近河边的地方，那里有三个木桩被插在地上，很明显这是以往浮桥的遗留物，现在浮桥已经被毁坏了。在那里，这群人停了下来，指挥者发出了几句命令，然后几名士兵抓住犯人的手臂，把他们带到木桩前，用一名士兵随身携带的粗绳子把这些可怜的家伙们绑在桩子上。犯人们没有反抗，把他们绑在木桩上时也没有发生任何事。最年轻的犯人是一名大约17岁的少年，这时他开始哭喊并抗议，为自己的无辜辩解。

我同情那些可怜的家伙。但是，我知道士兵们接到了命令，他们不得不执行；干涉不仅是无用的，在士兵们的眼中这对我还是有害的。

五名士兵向前走，直到他们走到离每个犯人约10步以内的地方。他们准备好步枪，指挥者一声令下，每名犯人都被开了五枪，这几乎可以导致速死。只有一名犯人还在扭动、痉挛，他的双眼看起来像是从他的眼眶中跳了出来。他又被打了一枪就不动了。

行刑后，我走上前去看了看尸体，看这些人是否真的死了。他们当中的两个人四肢已经伸得很直，但是我感到第三个的心脏还在跳动。我向一名士兵指出这一点，他把枪口放在那人的头上开火了，这一击几乎把他的头打碎。

尸体依然被绑在木桩上，作为对讨袁军的警告，真是可怕的一幕。

军法处置

被北军枪毙的讨袁军士兵

士兵们扛着步枪，排成一队，回了制造局。我的带路人问我是否还需要他，我婉拒了。他用一种潇洒的军人式的方式道别，双脚并拢，并把步枪“靠脚”放着。

我现在不得不穿过一片很难走的野地，因为小溪、沼泽、池塘和灌木丛交织在一起。我四处游荡，尽量小心地避免开阔地带，在掩蔽下行动，因为交战的双方无论何时停止射击，都会在任何时候重新开始。这种行走很不舒服，所以我尽量走快些，以便能尽快到达讨袁军的防线。

我将近走了两英里，来到讨袁军的一个加强阵地前，这时突然又开始了猛烈的射击，几发子弹从我的耳边呼啸而过。这迫使我在野地里寻找躲避物。我发现左边一片野地里长满了芦苇，是在这里可以发现的那种高大的品种，一个人很容易把自己藏在里面。因此，我急忙走过去，没有注意到地面变得越来越松软，直到我发现自己陷进了沼泽地。我挣扎着，试图从淤泥中挣脱出来，结果却发现自己每时每刻都在越陷越深。我抓住自己周围的芦苇，试图把自己拖出来，但就在这时几声枪响，接着子弹在我周围掠过，打在地上和小水坑里，并溅起水花。

当我试图抓住芦苇时，高高的芦苇因此晃动了，这引起了讨袁军的注意，他们以为敌人企图在芦苇的掩护下靠近他们，所以他们向我正在沼泽中挣扎的地方快速开火。

我自然而然地停止了活动，恐惧地感到自己慢慢地、不断地下陷，越陷越深。淤泥就像一只章鱼的尖爪子一样抓住我，几乎已经到了我的腰部，沼泽里的水冒出水泡，小水泡发出的恶臭几乎使我昏倒。所有可能的小爬虫都在我周围爬动，由于我的活动扰动了它们，它们都被从自己的洞穴中挤出来了。

当然，不必说，我的感觉是难以形容的。我并不担心前方来一发子弹打死我，或者至少不介意这种冒险，或者我应当选择一个没有战地记者那样危险的职业，但是陷在沼泽里却是一个厄运。我的处境很糟糕，我不得不选择要么在沼泽中被窒息而死，要么被枪击中。

我看了看手腕上的表，显示早上 8 点钟左右。我已经陷入这个可怕的陷阱快三个小时了，然而却找不到脱离的办法。慢慢地，非常慢地，我把手表的表带往上移了移，它变得比较热，太阳光使我毫无防护地头疼了起来，因为我在寻找遮挡物时把自己的太阳帽弄丢了。

我最终孤注一掷。为了自由，我用了自己所有的力量而重做努力。被一颗真正的子弹打死总比陷在沼泽中要好。我抓住芦苇，开始大声地叫喊，我庆幸自己有一副大嗓门，人们在很远的地方都可以听到，但是我想此前我从未喊出这样大的声音。我真幸运，讨袁军在半英里以外的地方听到我的喊叫，并且产生了怀疑，他们来到我躲藏的芦苇丛，向我打招呼。我很高兴又听到人的声音，并告诉他们我所处的位置。那些好心人发现了我陷入的乱坑，他们走到沼泽旁，把枪递过来让我抓住，并把我拖起来，帮我脱离了泥泞。当我脱离困境时，这些家伙们盯着我，转动着眼睛大笑起来，根本不顾敌人开始射击了。

但是，相信我，我并没有心情加入到他们的行列，但正如中国人所说的，我那样做“仅是为了面子”。

7 月 28 日晚上的事件给我带来了艰巨的任务。我回到上海后，开始写当天的报道，最后在洗澡后坐下来吃正餐。我刚开始吃第一道菜，就突然而意外地听到了非常猛烈、密集的射击声，那是步兵和炮兵的射击，混合着马克沁机枪的咔嗒咔嗒声。我急忙走到室外去坐上我预定的汽车，但是就在这时，我发现汽车消失在拐角处。司机太害怕了，不敢把我送到交战区，并选择了逃离。我向可能有汽车的几乎每一个地方都打了电话，但是我的努力失败了。没有“现成”的中国司机，而且车主不想冒险使自己的汽车被流弹炸毁，这是其中的一位先生在电话中对我说的。

被处决的起义队伍的间谍

我处于一种非常糟糕的境地，因为每浪费一刻时间对我都意味着很多。最终，我给相识的鲁道夫·埃斯沃尔德先生打了个电话。他是一名有经验的汽车司机，也就是他用计谋帮我找了一辆汽车。埃斯沃尔德先生为自己要了一辆汽车，说他要用车进行一次快乐之旅。不久，一辆汽车来到埃斯沃尔德先生所在的地方。看中国司机面部表情是一件难得的乐事，当他看到我走近时，认出了我。一开始，他试图把车开走，但是当时我们成功地拦住了那个家伙。他又一次试图弃车逃走，但是这次企图也毫无结果。那家伙牙齿打战，被迫跳进车里，然后埃斯沃尔德先生为我驾车，经过公共租界进入法租界，那里已有炮弹落下，造成了极大的破坏，部分还落入到外国人居住的房屋内。在不同的街垒，控制者都试图阻止我们，指出很危险，但是我们成功地通过了街垒，并到达枪林弹雨下的圣凯瑟琳大桥。我们立刻停下了车子，并在街垒后面躲避。在这种情况下，那里非常惬意，但是我无事可做。我几次试图过桥进入交战区，但是密集的子弹从我耳边呼啸而过，使我不得不放弃。好几次都有一种险恶的咔嗒咔嗒声从我们的头上飞过，表明炮弹打了过去，几分钟后红色的火光映照夜空，这说明炮弹已经爆炸了。

我几次试图穿过大桥，但是最终认识到不可能从这里过去。于是，我与埃斯沃尔德先生进行了一次简短的谈话。他拥有我不能忘怀的勇气，马上同意把我送到徐家汇，从那里我有望走到位于龙华的讨袁军的地界。

我认为埃斯沃尔德先生和我（以及中国司机）都不会忘记那次匆忙的汽车旅行。我们驾驶着汽车以最快的速度沿着徐家汇路行驶，每时每刻都有子弹从我们旁边飞过，有时还打中了车身。除此之外，我们还要冒着被徐家汇路沿线法国哨兵枪击的危险，当他们看到我们的汽车以疯狂的速度行驶时，他们非常怀疑。但是，我们避免了一切事端。过了一段时间，我到达了徐家汇村。我们刚过去，旁边就发生了爆炸，并伴着大声的喊叫，这表明一发炮弹爆炸了。徐家汇那时是一个非常危险的地方，因为北军的射击是对着讨袁军的阵线，讨袁军已从制造局的西北边发起了猛烈的进攻。令人非常恼火的是，这时我们的汽车突然停了下来，它是最老式的小汽车中的一种，我们用了几分钟才将之又开动起来。我们到了徐家汇天文台，我在那里拜访了一位自己认识的牧师，问他能不能为我找一名中国向导，把我带到龙华。不必说，我找不到一名向导，因为中国人太害怕了，甚至我给美元作报酬也不能控制住他们的恐惧。

当我发现自己找到一名向导的努力是徒劳时，我决心试试自己的运气，到现在为止，运气还没有离我而去，于是我在没有向导的情况下开始前行。一名牧师好心地为我描述了到那里去的路，这条路非常复杂，因为许多道路像一张网一样在野外交叉，通向所有可能的方向，因此对于一个陌生人来说，在夜晚很难找到路。但是，在北斗星的帮助之下，我希望能走到那里。

于是，我告诉埃斯沃尔德先生，我决定冒险走一遭，因为我不能再浪费时间了。起初，他试图劝阻我，指出穿过那片地区很危险，那里时刻都会有炮弹落下并爆炸。但是，当他看到我决心前往时，他最终放弃了。

我写了一个简短的报告，交给埃斯沃尔德先生，请他转交给我的编辑，然后离开了。当我的同伴向我道别时，他的样子让人觉得他再也不指望我会回来，这并不令人鼓舞。

于是，我开始了自己穿过田野到达龙华的行程。

我一走上跨越徐家汇河的桥面，麻烦就来了。几条饿狗开始大声吠叫起来，并扑向我的双腿，幸运的是我的双腿被皮革绑腿保护着。我没有携带武器，因此只能试图用手中的棍子赶走这些畜生，那棍子是我在村庄一栋废弃房屋的墙上发现的。我很难保持自己的行进路线。我不能沿路行走，只能沿着黄浦江的方向向南走。轰炸依然在进行，没有减弱，而且许多炮弹正在落下，其中多数都没有爆炸。很快它们就不能困扰我了，因为我很容易听到它们的到来。我尽快地向前走，吹着口哨，突然一枚炮弹落在我左边的一条小溪中爆炸了，一枚弹片击中了我的太阳帽，并将它从我的头上打落下来。这使我更加小心，我尽可能地在自己的行进过程中找些遮挡。根据以前的经验，寻找田野里的遮挡物时，我不以树为掩护，因为在炮火之下炸飞的大小树枝就会变成附加的飞弹，这是非常危险的。而且，几乎要击中我的那发炮弹，似乎仅仅是以我为目标的炮火的开始。每当一发炮弹落下时，与之相伴随的是那种险恶的咔嗒声和啸叫声，并导致坚硬的地面像火山般地喷发。有时炮弹落到众多的溪流、池塘和水沟中的某一个里，使里面的水溅起高高的水柱。有时一枚炮弹落到一片灌木丛中，随后一声喊叫表明某个可怜的乡民被击中了，这个人是因为怕死而离开自己的小屋，躲到了灌木丛中。我曾经试图帮助这些不幸人中的某些，但是我看不见他们，只好放弃了。我以加倍的速度，快速前进。当经过一座石“桥”时，由于其中的一块石板掉落了，我随后从桥上掉了下去，落入小溪，我很艰难地爬了出来。我从石头和草丛中蹒跚而行，在非常光滑的草上滑行，我总是望着天空，在那里还能看到自己的向导——北斗星。不幸的是，我在匆匆忙忙地出发时，忘了带自己的罗盘，所以不得不用北斗星作指引。夜空中，燃烧着的、彗星般的线条表明了飞行中的炮弹的方向，它们的啸叫声、马克沁机枪和步枪的射击声、我已开始听到的战斗和进攻的人们的喊叫声，构成了一个地狱般的协奏曲，这使得此次行程非常不愉快。① 但是，最终没有人能够逃脱自己的命运。那就是我在行进时所想的，如果我被击中，我也不会改变。这就是命运！于是，我继续前行。

在我的前面，我可以看到一片漆黑的树丛。我知道自己已经到达了此次行程的目的地——龙华路。由于比预想的向西走了一点，所以我已走到了路上。这同时也意味着我离战场非常近了。我松了一口气，因为我很高兴自己又回到了人类身边。如果我被击中，其中的某个人可能会被说服把信息送到上海。令人很不愉快的是，正像我行进过程中一样，我非常孤单，周围没有一个人。我在路上刚走了几码远，突然听到一声向后拉步枪枪栓的声音，然后一个人从灌木丛对我喊道："哈，什么事?"一听到这声音，我就兴奋起来。一名讨袁军的前哨已经发现了我，并向我走近，手指扣着扳机。我报出自己的名字以及"钮"字，这个"钮"字是我在下午学会的，那是钮永建将军姓名的第一个字。

那位士兵用我听不懂的方言向我问了些事情，后来我发现他用的是粤语。我用官话回答他，说我听不懂。那士兵拿出手电筒，借着它的光，我

① 作者在《勘误表和补录》中写道：我几次注意到，许多炮弹显然是用了某种材料制成的。由于与空气的摩擦，这些材料变得红热，使炮弹在夜空中飞行时清晰可见。飞行的炮弹，尤其是在夜间，通常是未经过训练的眼睛看不见的。不过，专业的炮兵可能有机会去观察他们的大炮发射炮弹的方式，而炮弹本身在天空中就像一个飞行的黑点，尤其是当炮弹已经在下落时。普通的炮弹从来不会在夜空中形成彗星状的线条，但相当多的平民坚持认为看到了火红线条的炮弹，这自然只能是一种视觉错觉。

向他出示了自己的名片，上面用汉字标明了我的记者身份。然后，我向他展示了钮将军的名片，对此他看上去是满意的。我问他们的“司令”即长官在哪里，他回答了我，我理解是“他在旧火药库”。火药库坐落在公路上，靠近龙华村。我请他护送我到那里去，因为我担心走近火药库时会在黑暗中被击中。他同意了，并为我带路。在行进中他对我说，他的长官是一名浙江人，能说外国话，听到这一点我很高兴。

走了一会，我们到了火药库。我们通过大门进了库房，然后这名士兵让我和卫兵待在一起，他则进去找他的长官。这时我就与警卫交谈，他们由来自松江的士兵组成，有几个是广东人和福建人。他们当中有一个人来自云南。

很快，士兵回来了，后面跟着一位看上去很精明的年轻人，穿着陆军中尉的制服。这位军官走进来后，非常礼貌地向我行礼，并用流利的法语向我致意。我向他表示问候，并向他作了自我介绍。他一听到我的名字，就友好地笑起来，并说他已经听说过很多有关我的事，我是一个有“他心”的人，他很高兴认识我。我感到非常惊喜的是自己面前有人说外国话，于是恭维他法语说得好。他有礼貌地邀请我坐下，指出我在辛苦工作后一定很疲惫。我们坐下后，当一名士兵拿来一瓶完好无损的法国香槟酒时，我大喜过望。瓶子被打开了，并且证明是品质非常好的酒，虽然它没被适当地冷却。我不禁注意到讨袁军有充足的奢侈品供应。殷（音译）中尉，这就是他的名字，他告诉我这瓶香槟酒来自一批饮品存货，那是陈其美将军在龙华停留了几个小时的时候带来的。上述先生看起来在军营里也喜欢奢侈品。

从殷中尉那里，我了解到他是一名天主教徒，来自浙江，他出生于该省的一个村庄，并且一定程度上是由天主教传教士抚养长大的，他对他们评价甚高。我问他是怎样加入讨袁军队伍的，他告诉我：他是正在学习工程学的，但是在 1913 年初，讨袁军首领的密使出现了，他们告诉民众说

"袁世凯想把中国出卖给外国人，并将中国人置于外国人的统治之下。因此，一些人民的朋友和爱国者就聚集起来，惩处袁世凯的严重叛国行为，并且许诺所有参与讨袁的人会得到崇高的荣誉和人民的感戴。"殷中尉听信了密使的话。作为一名文化人，他在讨袁之役中被任命为中尉。但是，当他发现革命的组织管理很糟糕时，他很快就厌恶了自己的职位。

许多士兵听我们交谈，虽然他们不能听懂一个字，但是我从他们的笑脸上发现，他们为能受到这样一名军官指挥感到骄傲，因为他能用外国人自己的语言熟练地同外国人交谈。我向殷中尉指出了这一点，并对他的士兵说了几句称赞的话。他把这些话翻译给他们听，以便使他们高兴。当他得知我以前的职业时，他饶有兴趣，请我向他展示外国的步枪训练。我照做了，这使他和他的士兵们感到开心。我们很快就成了好朋友，士兵们表演了古老的长矛舞，用上了刺刀的步枪代替了长矛，这种舞蹈使我想起了印第安人的长矛舞。

敌人的射击减弱了，一切看起来都很平静。我从这位军官那里得知火药库里存有大量的军火，由他负责管理。他说自己很担心北军会试图控制军火库，或至少会企图炸掉它。下午，他从一名探子那里听说北军要在晚上进攻火药库。

我发现在这个重要的地方，驻军大约有 200 人，由殷中尉和几名军士指挥。据殷中尉所说，许多哨兵都已经驻扎在火药库周围，以监视企图接近那里的敌人。我告诉他敌人进攻的可能性，并指出北军的领导是有经验的，它不仅有训练有素的参谋军官，并且同样有训练有素的陆军中尉和军士，它将会发起进攻，并控制这个地方。就在这时，突然有名士兵气喘吁吁地回来了，大声说道："北军想把我们炸掉，他们带着成桶的煤油过来了，他们的意图是要把可燃物投进火药库。"我们的士兵开始变得激动起来，其中有几个人企图逃跑，脱下了他们的制服，扔掉了他们的武器。殷中尉在我旁边，他召集了几名自己信任的人，他们成功地将绝望拉回到理智。同时，另一名军官命令把火药库的门关上，此时的火药库里面有几百吨各式各样的火药以及灭火用的桶。这并没有持续多长时间。一声枪响，伴随它的是一声可怕的喊叫。大约30人组成的小分队在一名军官的带领下从火药库的入口出去迎敌。我与他们同行，我们的士兵面对猛烈的炮火，表现得很英勇。密集的子弹在身边呼啸而过，但是并没有对我们造成多大的危害。北军用两门野战炮支援他们的步兵，它们在非常近距离的射程向我们开炮，许多炮弹在附近爆炸，但是没有击中任何人。我们的士兵毫不紧张，而且殷中尉准备前进，他从自己躺的地方站了起来，他一直躺在靠近我的地方，突然我的双眼被耀眼的光弄得昏花，与之伴随的是巨大的爆炸。我闻到一种煮肥肉的气味，并有一股热气吹过。一发炮弹在我们头顶上爆炸，它的弹片打死了三个人，并造成另外两个人受伤。在另一声命令之下，士兵们跳起来，潮水般向前冲去，勇敢地攻击敌人。他们当中有几个人有些犹豫，但是更勇敢者激励的话语使他们冲上前去。士兵们大呼着“呀—啊，呀—啊”冲向前去，右手拿着枪，左手按着刺刀，几个人在奔跑中给他们的枪装子弹，其他的人停下来，跪下来射击。哨声鸣响，军号里传出破碎的响声。几个人很快倒下，要么受伤，要么被打死。有一个人的手臂被子弹打坏了，他坐在地上，把步枪放在抬起的腿上继续射击。另一个人被流弹击中，眼睛一直在流血。他用袖子擦了一下脸，继续射击。我尽自己所能去帮助受伤的士兵，但是仅有几个人需要我的帮助，因为士兵们射击时毫不顾及自己所受的伤。他们勇敢地面对敌人的射击，并且坚守岗位。几名士兵用绳子拉着一门快炮穿过我们的防线，并将之安置到位。过了一会儿，第一发炮弹发出去了，这是快速轰击的开始。两边的喊叫给我的印象是：仿佛两群野蛮人正在作战，他们脸上的表情证实了作战的南、北双方之间有着可怕的仇恨。

快速射击不断地进行着。有时敌人的射击停下来，就换以齐射，这些人好像经过高度训练的外国士兵。然后，又是速射，并被野战炮的爆炸所打断。殷中尉的士兵缓慢而稳步地前进，北军显然比火药库的守军要弱很多。

天色变得更亮些了，夜空已经露出亮光或光泽。此时北军那一边吹响了哨子，进攻者开始有序地撤退，他们用的是所谓的“日本策略”，向后跳着，掩护着进行射击，又向后跳，然后继续。讨袁军很高兴躲过了被炸掉的危险，并没有追击北军，而是留在他们占领的阵地上，最终一直都在猛烈地射击进攻者。当太阳的第一缕阳光出现时，火药库周围的敌人被肃清了。尽管火力猛烈，但是敌人似乎没有任何损失。因为我后来穿过田野时没有发现他们的尸体或受伤者。讨袁军大约有 10 人阵亡，多数是被炮弹弹片打死的，并有几个人受伤。在受伤者中，我统计有 3 个人受重伤。其中有一个人被炮弹弹片击中肚子，看上去很可怕，当时他的肠子从肚子上的大伤口中流了出来。检查伤口表明，这个人不可能活得太长，因为肠子本身也部分地破了。这个可怜的家伙依然有意识，痛苦地呻吟着。他求自己的战友打死他，我必须承认，如果他们这样做，我是不会阻止的。殷中尉后来告诉我，有一名士兵与受伤的士兵来自同一个村庄，他把自己步枪的枪口放在伤兵的头上，并扣动了扳机，从而为伤兵减少了所受的痛苦。另一名伤兵的左腿被炮弹炸成了复合性骨折，第三个士兵全身受伤至少有六处。我尽可能地帮助这些可怜的家伙，然后我们用担架抬着伤兵撤退到了火药库，那担架是用步枪做成的，即在枪管穿过外套和袖子后，再用士兵的紧身上衣扣起来。

伤兵被放下来等待医生，殷中尉告诉我有几位医生在龙华村。

北军已经清扫完战场，殷中尉和我到战场去寻找受伤的北军。我们在那里发现了一名受伤的北军士兵，走上前去帮助他。殷中尉走到那名士兵面前，把他的军用水壶放到伤兵的嘴边，这时那名士兵突然站起来，抓住殷中尉的手枪，一枪射穿了试图帮助他的殷中尉的头。

那就是作为基督徒的殷中尉尽力帮助一名受伤敌人所得的回报。

我离开了那个地方，在那里我经历了一段可怕而又紧张的时光，然后我到了讨袁军另一个阵地，那里离界河不远。我看到他们把几门野战炮拉回到安全的地方。这里的士兵大约有100人，由三名军官指挥，其中有两名军官是日本人。这一事实毫无疑问，因为当我走近他们时，听到他们相互用日语交谈。这两个人很不礼貌，并试图用无礼的威胁让我离开，这对我完全不起作用。其中的一个日本人是像猴子一样的小家伙，当他试图用野蛮的面容影响我时，我对士兵们笑着说，我感到很奇怪，中国士兵会处在两只猴子的带领之下。士兵们接受了这个笑话，不顾两个日本人严厉的话语，开心地笑了起来。这两个日本人发现自己丢了脸面，试图通过喊叫和咒骂使士兵们遵守纪律，这对那些士兵毫无效果。士兵们非常友好，并告诉我关于过去发生的几个事件的事实，我了解到他们的分遣队没有遭受很多损失，因为这两个日本人都是有能力的指挥者，二人在本国的军队里很明显都是军官，士兵们如是对我说。当从他们那里得到上述信息后，我请一名士兵送我离开，因为说实话，我担心其中的一名日本人可能会从我后面对我开枪。这名士兵明显地把我看作是他的客人，看起来他有同样的认识，因此他在后面紧跟着我，用他的身体挡着我，当我离开日本人的视线时，这名士兵离开了，并对我说了下面这些话："我不得不跟在你的身后，否则那个日本人会开枪打你，然后我就会在我的战友面前丢脸。"这些话证明了中国人性格中的高贵品质，甚至在下层社会也是如此。

我尽自己所能地感谢他的帮助，继续走着，很高兴自己摆脱了那多少有些棘手的局面。

我在龙华路上向制造局行进时，讨袁军突然猛烈地开火，北军立即予以回击。制造局附近的建筑很快着火了，这使讨袁军非常高兴，他们显然以为自己击中了制造局的某个重要据点。射击非常猛烈，子弹在我身边嗖嗖飞舞，我好像置身于群蚊之中。当我作这个比较时，对于那些没有在交战状况下待过的人来说，这听起来难以置信，但是事实上的确如此。我不会说自己感到舒服，但是我不得不直面炮火。我相信自己的好运，然后继续向前走。我甚至不能休息，因为每一分钟都意味对时间的巨大浪费，那里有许多东西要看。我尽可能快地向前走，并且我成功地来到了北军的前哨附近，当我从躲避的地方跳起来，并挥舞双臂时，很幸运的是北军士兵认出了我。他们喊叫着，命令我快点，我照做了。走了几步后，我很快走进了北军的阵地，并受到军官和他的士兵们的热情欢迎。在那里，我靠近那名军官躺下来，观察交火的情况。在此我再次发现北军训练有素。士兵们仔细地瞄准，而且军官没有因为发令给士兵向何处射击，干扰他的士兵的射击。士兵们作战的方式将会让任何一个外国士兵高兴。

几分钟后，我离开这个阵地，走向制造局。没走多远，我遇到了一名军士，他是一名头发灰白的海军陆战队老兵。这个人我认识，他告诉我，晚上有一队讨袁军故伎重演，企图翻墙而入冲进制造局。但是，警戒的北军睁大眼睛，等着那些人逐个地撞到他们的刺刀尖上，几乎杀死了所有无畏的入侵者。大约有 22 人在此次行动中丧命。

再往前走，我很快到了魏清和少校掌管的地方。这位先生友好地欢迎我，并给了我一些有关战斗的信息。他请我喝了杯茶，并告诉我：他的士兵一连几天都在不断地作战，他们非常疲惫，并且是精疲力竭。虽然任务艰巨，但是他们表现得很好，没有表现出不满。

我跟随在他身边，走过军营，发现士兵们疲惫不堪，并且是非常疲倦；他们睡在阵地上，枪的后膛打开着，放在防御工事上，以备随时使用。魏清和先生告诉我说，他的士兵很有勇气，甚至伤兵都不离开自己的岗位。当我与士兵们交谈时，他们告诉我说他们为给袁世凯效命而感到骄傲，而且他们不怕讨袁军。当我提及时，一名看上很聪明的士兵，他显然是自己队伍中的“名人”，他为自己和战友们穿着肮脏的制服而辩解，这表明了士兵的士气。他对我解释说，他有一次已经开始洗自己的上衣，然而讨袁军的突然进攻，使他停了下来，并立即回到自己的岗位。

我离开魏清和先生的阵地，沿着龙华路走向圣凯瑟琳大桥。当我离开靠近火车叉口的北军前哨时，我没有发现讨袁军，那里甚至看不到一个人。而且，我很快发现讨袁军已经撤离了这个地方，他们认为再从这个地方进攻将不会取胜。当我到达圣凯瑟琳大桥，并与法国街垒里的军官交谈时，我了解到许多穿着便衣的中国人经过这座桥进入租界。而且，这些所谓的平民除了是讨袁军士兵外，不会是其他人，他们丢掉了自己的制服，选择了退入租界。当我听到这些时，我猜测他们的绝大部分军用物资一定会在圣凯瑟琳大桥附近的寺庙里。一到那里，我就发现自己的猜想是正确的。在寺庙的庭院里，有成堆的步枪、子弹带、刺刀和士兵的装备，几名苦力已在忙着偷东西，但是当他们看见我走近时，就离开了。

闸北事件

当我注意到这一点时，我就返回了上海，把我的观察报告送去印刷。到下午为止，我有几个小时的空余时间，这时另外一个谣言使我骑上自己的马，急忙赶向闸北，在那里我被告知“有事发生了”。在上海，到处都是最不着边际的谣言，据说精明的工部局警务处长卜罗司上校被枪击，义勇队的指挥官巴尼斯中校以及其他几位要人也是如此。

义勇队被集合起来，一支强大的分遣队被派到了闸北，它包括轻骑兵、预备队、马克沁机枪队、炮兵队和德国队。当义勇队接近河南北路与靶场路交叉口时，遇到了一队讨袁军和荷枪实弹的中国警察。分遣队的带领者将他的兵力分散开来，使“敌人”认识到要采取猛烈的措施，结果是中国人撤退了，随后义勇队也撤退了。没过多久，一个敌人也没有看见。几发子弹射向了义勇队，但是这种射击仅仅是来自手枪，并没有造成任何伤害。

义勇队占据了闸北区，并在那里留了强大的警卫队。虽然有中国警察队长的抗议，但中国的警所还是被光顾，被搜查武器，结果缴获了几支步枪和其他的武器。最终，双方的长官进行了长时间的交涉，义勇队得到对方不会采取任何行动的保证后，在晚上撤退了。

第二天，即7月29日，显示了围攻制造局失败。当我驱车到制造局，并四处游荡时，我发现讨袁军已经撤离了制造局周围所有的地方，连一个讨袁军也看不到，只有几个人还在龙华，他们正准备撤退。他们告诉我：他们接到撤退到松江的命令，援军将会到达那里，并且他们让我相信制造局最终会落入到南方人的手中。

我回到制造局，听说讨袁军在夜晚已经离开了外围，再没有什么可担心的事情了。虽然如此，这些分遣队仍然待在他们的阵地里，并用空闲时间加强阵地的防御，同时把哨兵和前哨推进到了外围，从而扩大了他们的活动范围。

只是在河对岸的浦东，依然有几百名讨袁军士兵，但是他们的处境非常糟糕。这些人被他们的军官遗弃，身无分文，简直是在挨饿。因此，毫不奇怪的是，这些人只能听从政府的号召，政府征募了他们当中的一些人，用一些钱遣散其他人，并且让所有的人不受处罚地离去。

7月30日和31日非常平静，在制造局周围什么事情都没有发生。但是，吴淞炮台附近的事情变得严重起来，正如已经提到的那样，吴淞炮台控制在讨袁军手中，听到各种谣言的我匆忙地赶往吴淞。

顺便提一下，8月3日我又拜访了负责守卫制造局的军官。当我从制造局回来，穿过南市时，发现了一支非常强大的海军陆战队的分遣队向南市和华界行进。我跟着他们走，发现小分队被分派驻扎在几乎每一条街，逐屋查找武器，并张贴告示，警告民众不要私藏武器或收留叛乱者。

当与这支有一个营兵力的分遣队的指挥官交谈后，我了解到这些士兵是派去占据华界并查找讨袁军的。流言称：在城市中心的关帝庙（即战神的庙宇）以及旧道台衙门内还有强大的讨袁军部队。这些流言被证明是真实的。北军包围了这两个地方，以防止讨袁军逃跑。当封锁完成后，北军的指挥官走进了道台衙门，与讨袁军的指挥官商谈他的士兵投降事宜。这时大约是在下午 1 点钟。我来到道台衙门，穿过北军的封锁线，把我的名片交给在门口站岗的讨袁军士兵。我没等多久，就被带到了讨袁军的指挥官面前。他是一位身材矮小，但看上去很有才智的广东人，我对他表示同情，因为他非常沮丧，并且绝望。他给我解释说，其他的讨袁部队把他留在困境中。他还告诉我说，他和他的士兵没有对北军采取敌对行动。起初，他们想保持中立，但是刘福彪的威胁和劝说使他们向讨袁军的领导者承诺将担任预备队，他们一直没有交战过，希望能够摆脱这种绝境，希望北军能对他们施以同情。这位军官告诉我，北军给他们的投降条件很苛刻，他已请求北军的指挥官让他对条件考虑几天。

于是，在 8 月 8 日清晨，这些以及其他充满希望的残余起义军，即“讨袁军”，得到了前任都督程德全的撤退命令。经过几次谈判后，北军同意让他们走。然后，讨袁军队伍撤到了南翔和嘉定。碰巧的是，当讨袁军清理现场时，我在场；他们的指挥官向我道别，告诉我说，他很高兴能够脱离困境。当讨袁部队撤退时，由于一名北军士兵的失误而发生了一个小插曲，当时他显然是由于紧张，而向讨袁军士兵开了一枪，幸运的是没有击中任何人。讨袁军离开了关帝庙和旧道台衙门，这两个地方立即被宋运禧上校指挥的由 800 名海军陆战队组成的强大分遣队所占据。

那就是围攻制造局的结局，而它持续了不到两个星期。

国民党怀着很大的希望发起了进攻，并发布了布告，所做的一切都使民众们相信南方将会战胜北方。但是，正如发动讨袁的人所受的教育是肤浅的一样，他们的工作也是肤浅的。他们知道发动讨袁需要士兵，并且要用武器武装他们。但是，他们绝对不知道将一项工作做成功的许多必要的细节，而且在他们身上也没有发现必需的、深奥的军事科学知识。因此，毫不奇怪，他们的事业被证明是彻底失败的。煽动讨袁的人控制着最好的未受过训练的士兵，但是却没有领导者来使用这些人。

◎ 第六章　吴淞炮台周围的战斗

7 月 28 日，有关吴淞炮台的谣言就在上海广为散布，它的驻军已倒向讨袁的南方这一边。据报告，政府将采取严厉的措施和手段夺回吴淞炮台。居正将军是湖北人，担任炮台的指挥官。援军不断地开到吴淞，增强讨袁力量。刘福彪“上校”在试图冲入制造局失败后，不知所踪，现在又带领着他的“敢死队”出现了。这支“敢死队”是他重建的，并在镇江得到了加强。一切都表明吴淞炮台很快就要成为激烈战斗的中心。据报告，运送北军部队的三艘运输船将在三艘巡洋舰的护送下试图经过炮台，讨袁军决定要击沉它们。战斗预计在 28 日发生，但是什么也没有发生。

讨袁军在吴淞并没有闲着。吴淞炮台由两座炮台组成，即南石塘炮台和狮子林炮台，并且离上海有 13 英里。两个炮台中仅有南石塘炮台可以称作是炮台，它部分地装备有现代火炮，而另一座炮台仅装备着旧式的前装炮、大口径短炮和类似的火炮，这些火炮已过时了，没有价值。

7 月 29 日傍晚，讨袁军分派出大约由 500 名“敢死队”队员组成的兵力占据了黄浦江的左岸，而主力部队部分地驻扎在炮台，部分驻扎在火车站附近的一个小村庄，“敢死队”的指挥者在火车站后面的中国人的学院——中国公学设立了司令部。居正将军是最高指挥官，驻扎在南石塘炮台。

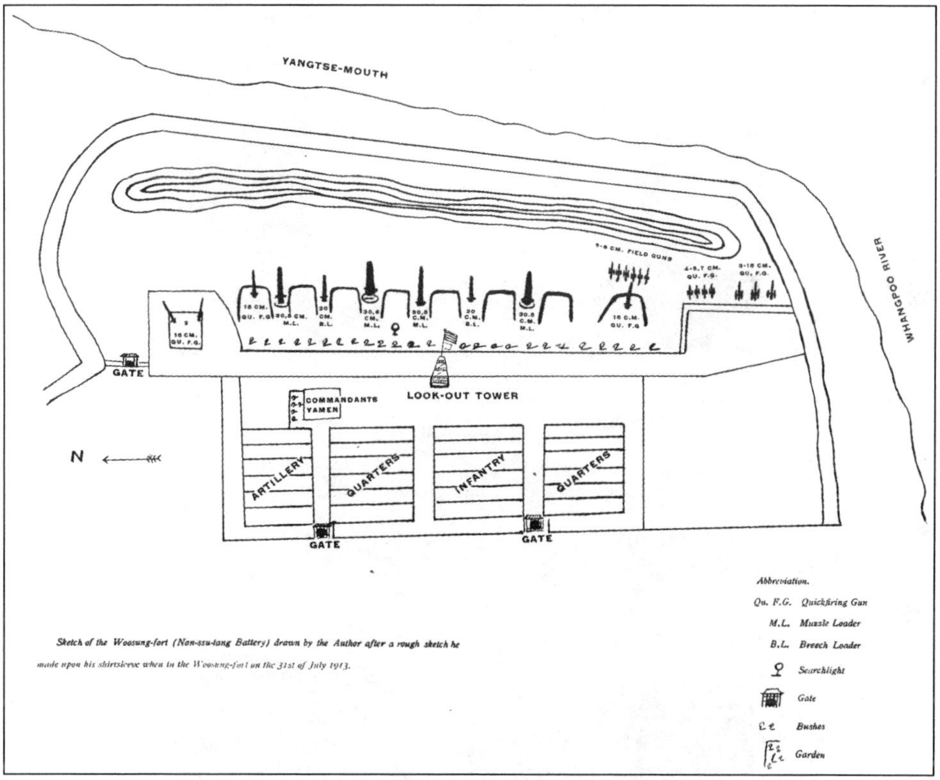

午夜时，一艘货船在夜幕掩护下经过，几发炮弹射向了它，但是没有射中。

刘福彪“上校”一直在接纳援军，到 7 月 30 日，他已经集聚了大约 2000 人，这些人由他和他的副官或亲信之类的人指挥，那人与他是同一类的人。总的说来，占据炮台的讨袁军的兵力已达到大约6000人，而且预计将从广东派来援军，使兵力达到8000人。

讨袁军的居正将军，吴淞炮台的指挥官

吴淞炮台内的庭院，左边的是讨袁军的刘上校

北军的船只曾经企图驶进黄浦江，但是已经放弃了这一计划，停留在远离炮台大炮射程以外的海面上，等待从广东来的讨袁军的船只。顺便说一下，这些船并没有到来。

7 月 31 日，形势看起来是和平占了上风。有谣言说炮台将在没有任何战斗的情况下转交到政府手里，但是我后来发现这些谣言是毫无根据的。

7 月 31 日制造局周围的平静局势，使我有机会离开迄今为止吸引了我所有注意力的这个地方，并前往吴淞。这次到吴淞仅是一次搜集信息之旅，有机会了解那里的状况。

下午，我乘坐汽艇早早地出发了，由于布尔森先生和麦仁森船长的好意，汽艇由我任意使用，二人都是上海的德国汉堡—美洲公司的管理者。

航行了大约2个小时，我到了靠近南石塘炮台的小码头，然后直奔炮台。在路上，我看到讨袁军士兵是如何分布的，并且看到整个田野都被哨兵和巡逻兵强力保卫着。我在路上好几次被士兵们拦住，他们向我问了许多问题，但是我的态度令他们满意。我把有关我的工作所有可能的信息都告诉他们了，很幸运有几个曾经在制造局周围的人认出了我，这对我帮助很大。

炮台在田野这一面完全没有防护，我徒劳地寻找野战防御工事、铁丝网以及现代炮台防御所需要的东西。炮台面向田野的一面只有一堵泥墙，墙只有约60度的倾角，陡峭程度不足以阻止进攻者攀爬。墙上开有三个门，门都是用常见的中国样式制成的木框，非常脆弱。几名哨兵在墙头走上走下，他们肩上扛着步枪，但是他们的注意力非常分散。值勤的士兵平静地抽着烟。而且，我注意到有一个人斜靠着一个木制的岗亭，好像睡着了，他的步枪就靠在身边。

我到达了炮台的第一个门，被一名哨兵拦住，他让我明白陌生人是禁止进入炮台的，他甚至不会把我的名片送给将军。

经过几次努力后，我无法说服这个人，回头又走进了田野。我成功地找到了一名认识我的士兵，我给他解释了情况，并请他陪我去见门口的哨兵，告诉哨兵他认识我。几支香烟帮了我的忙，这名士兵与我一同走到那名固执的哨兵把守的门前。经过几分钟的交涉，哨兵被说服了，把我的名片送给了居正将军，这时我坐在门口附近的凳子上，四处张望。院子里有许多装满泥土的麻袋，用来在紧急情况下堵门。

几分钟后，那名士兵回来了，向我招手，要我跟他走。我们穿过整个庭院，走进了总司令居正将军的衙门。

到了那里，我看到许多人正在将军的接待室等待将军。

我坐下，并被奉上了茶和香烟，直到一位年轻的、看上去很聪明的人走上前来。他身着西装，用流利的英文自我介绍说他是姚方定上校，是居正将军的军事秘书。上校问我此行的目的，我对此向他作了解释，并指出我想向炮台的指挥官和其他主要的人物作介绍。他答应了我的请求，要我跟他走。我们走进了居正将军的房间，这是一间宽敞的厅堂，中间摆放着一张铺着纸的桌子。房间的周围是大量的步枪、弹药箱和其他装备。

居正将军穿着便装，他身材修长，看上去很年轻，而且只说中国话。我同他谈论封锁的可能性以及几个政治话题，接着向他询问了他驻防的兵力以及我所探查的消息的有关情况。

一个电话打断了我们的谈话，我利用这个机会离开房间，并快速走完了炮台。我所看到的炮台内的大炮和武器并不令人满意。于是当我返回来时，我向居正将军指出了这一点，并向他提出了我审慎的观点：炮台只有很小的可能性能应付拥有现代武器的政府军舰的轰炸。当居正听我说时，他的脸上浮现着圆滑的微笑。正当他要回答我时，一位高个子的中国人走了进来，他看上去年纪大一些，面孔有着传统特点，留着浓密的胡子。居正将军告诉我这个人是刘廷汉将军，是炮台的指挥官。刘廷汉将军非常认真地听我们谈话，并告诉我他是一名由外国人训练的炮兵军官，曾在南京的军事高等学校就读。

居正将军犹豫了一下后，答应了我的请求，即如果炮台轰击开始了，允许我待在炮台里。然后，我不虚此行地回到了上海。我有资格这样说，因为在与居正将军中断谈话之际，我走遍了整个炮台，并爬上了木制的瞭望塔。在塔上，我在护卫我的士兵未觉察的情况下，在衬衫的袖子上画了一张炮台的草图。除此之外，我还设法拍了三张对我非常重要的照片。我还看到瞭望塔附近的一栋房子里建了一个弹药库，确定这个位置拍一张照片是最好的事情，但是我怕引起怀疑，因为士兵总是密切监视着我。但是，我设法这样做：

当我离开炮台时，那时我还不认识的那位刘上校在门口附近遇到了我，并提出陪我走。我宁愿一个人离开，然而这个人明显有他的理由，即看我是不是在搞侦察。所以，我不能拍照，因为那要冒太大的风险。但是，我用了一个计谋。当我们走近弹药库与瞭望塔成直角的地方时，我请刘上校允许我为他拍张照片，并告诉他我想把照片发表在报纸上，这正好迎合了他的虚荣心，不用说他受宠若惊，同意了我的请求。但是，当他在我相机前摆好位置时，我告诉他逆光，这使他朝旁边移了移，直到我让他在瞭望塔下笔直站立着。在那里我请他停下，然后我拍了照，胶卷上有我想要的目标——瞭望塔。刘上校用他潇洒的容貌点缀了照片的前景，这当然也无关紧要。幸运的是，这位军官并没有产生怀疑，只是很高兴，如果他猜出了我拍照的目的，他肯定不会那样高兴的。

起初，他陪我走到炮台旁的旅馆，在那里他要离去。但是，他似乎改变了自己的想法，提出陪我走到我停放汽艇的地方，目送我离开。这家伙很聪明，非常准确地猜出我会返回。顺便提一下，我注意到他给我们附近的一群士兵一些指令，很可能是要他们注意，并向他报告我是否真的会离开这个地方，或者我是否会返回此地。

我知道他的花招，而且我宁愿回到上海，把此行访问的收获交给我所代表的报纸。

两天过去了，吴淞的形势没有什么变化。我已在那里安置了探子。从这些人那里，我得知：700 名炮兵已到达炮台，掌管大炮。据报这些士兵是外国人训练的。

8 月 3 日是星期五，傍晚很热。我在上夜班，必须要在晚上 10 半左右把我的文章付印。我刚离开位于南京路的自己的办公室，就看到一队全副武装的红十字人员，他们在王培元医生的带领下向外滩行进。我走近王培元医生，从他那里得知，他在几分钟前从红十字会总会那里接到命令，向吴淞进发，预计那里将有炮击发生。

我加入了这个队伍，我们到外滩时，已有一艘红十字会的汽艇停在那里。在那里，我遇到了《字林西报》的一位同事——伍德先生，以及负责汽艇的孟纳司先生，那汽艇是汉阳铁厂的。这支队伍是由柯师医生负责，他过了一会儿也到了，他同意我登艇与队伍一同前往吴淞。

大约 11 点半，我们出发了，驶往吴淞，因为月亮消失在云层当中，一片漆黑，所以我们是半速行驶。大约在凌晨 1 点钟，我们到达了吴淞，但是水流湍急，无法上岸，所以我们把船停泊在岸边，等待可能发生的事情。

大约凌晨 4 点半，我们听到一声巨大的爆炸声。从其爆炸力来看，我判断那是一门中型大炮发射的。这一炮击来自炮台，似乎那里的舰只开火，予以回击。中型重炮的爆炸声有时被重炮的轰鸣声所打断。我没有听到一发爆破弹的爆炸声，众所周知它的声音非常不同，因此很容易与大炮发射时的爆炸声区分出来。

天光开始放亮，我们用望远镜看到了两艘军舰，即“海圻”号和“海容”号，它们在回击来自炮台的炮击。炮击持续了大约 35 分钟，但是没有什么结果。射击很糟糕，炮台里的大炮有的射得太近，有的射得太远。两艘军舰的射击比炮台的炮击要准确些，从它们那里发射的炮弹在射程一半就落入水中。

天亮了，炮击突然停止了，于是我们上了岸。我离开同伴，立即向居正将军报告，他确定地告诉我炮击没有结果，对炮台内部和周围没有造成任何损害，而且白天不会发生任何事情。当我在炮台四周走动时，我看到野地里几发没有爆炸的炮弹。

我来到吴淞的荷兰电报公司的电报所，成功地让负责的那位先生允许我向我在上海的报社发了一份短电报，在电报中我报告了已经发生的战斗。

然后，当我们看到在吴淞什么也做不了时，都返回了上海。

8 月 5 日下午晚些时候，有关事态进展的各种谣言驱使我寻找去吴淞的方法。乘火车到那里是不可能的，因为敌对行动开始后，交通已经中断。

因此，我必须找一艘汽艇或另外找一艘船把我送到吴淞。

我到不同的轮船公司去找一艘小艇，结果都是徒劳。在几家公司，他们手中都没有小艇；而在另几家公司，他们坦率地告诉我，到那里对他们的船只来说太冒险了。一天前，政府舰队的指挥官海军李上将①已发布了布告，警告船只离开上海，因为炮击随时都会发生。他的舰队自从制造局被围后就停泊在之高四饭店附近。因此，我获得一艘小艇的机会是非常渺茫的，找到一艘舢板或帆船同样是不可能的，因为中国人非常害怕。

沮丧之下，我拜访了一名自己认识的舰长，请他帮助我，当时他的军舰停泊在港口。很抱歉，我不能暴露这位先生的名字，在我向他保证一定会小心，不会使船只和船员遭受不必要的危害后，他毫不犹豫地把一艘很好的汽艇交给我使用。

当我告诉他事态如何，炮击随时都会发生时，这位舰长非常感兴趣，并问我是否介意他同我一起去，对此我马上表示同意。我们定下出发的时间是傍晚6点钟，然后我上了岸，因为我或多或少地要做一些与访问吴淞相关的事。

当我仍在办公室工作时，电话响了。英美友好协会的秘书陈国川（音译）先生问我是否会在当天下午到吴淞去，也很想去吴淞。我告诉他将在6点出发时，他请求我带他一道去，我爽快地答应了。6点钟的时候，陈国川先生在两位先生的陪同下，在南京路码头等我，他在那里向我介绍了他的同伴，他们是王先生和李先生，前者是居正将军的秘书，后者是红十字会的。

我们上了船，在到达之高四饭店时，我们注意到除了一艘炮舰仍在制造局附近外，整个舰队已转移到了黄浦江的下游。当我们经过这支分遣舰

① 即时任海军司令的李鼎新。

队时，我发现军舰的甲板已经清理完毕，可以行动，人员已集合。我们有几次收到信号招呼，但是直到我们到达吴淞，航程没有发生任何意外。

这时正值退潮，而且天黑，我们在航行路线上出了错，所以船搁浅了，那里与炮台附近的码头很近。我们的船员尽最大的努力想使船重新浮起来，但却是不可能的。于是，我们不得不等到涨潮的到来，而这要在凌晨3点钟才会发生。

我们幸运地地看到了一个舢板，里面的那个人看到我们时非常害怕。但是我们的几句话就足够使他确信这种情况对他没有危害，于是他把我们送上了岸。

我们一上岸，就有一群讨袁军士兵像老鼠一样地从黑暗中走近我们，并向我们打招呼，手指扣着他们的步枪扳机。

我们向他们保证我们的访问并没有冒犯的意思，然后到了吴淞炮台旅馆。进了庭院之后，我们在走廊上遇到了旅馆的主人——皇家海军后备队的戴维斯上尉。他和他的儿子小戴维斯以及吴淞的医官塞西尔·贝纳特医生，是冒着危险仍留在炮台附近的仅有的外国人。这三位先生正在走廊上享受轰炸的间歇时光，喝着冷饮，他们的自动手枪就放在手边。

我们坐下来吃临时准备的饭菜，吃得津津有味。因为在与上海的联系被切断的情况下，很难找到吃的东西。戴维斯上尉给了我们一些有关岸上发生的事件的消息，并向我们展示了许多炮弹的碎片。它们落在了附近，所幸的是没有造成任何危害，戴维斯把它们收集起来，以保存起来作纪念品。这些准备为自己的家园而战的先生们的勇敢精神，给周围数以千计的讨袁军留下了深刻的印象，这些勇敢的人没有碰到丝毫暴行。英国国旗在高过屋顶的旗杆上飘扬，有意思的是，我们听到，后来讨袁军被打败时，许多讨袁军士兵逃到了旅馆，在英国国旗之下寻求保护，很明显他们把英国国旗看成了一种保护他们的“菩萨”。

讨袁军士兵中的“敢死队”队员

吃完饭后，我立即动身前往炮台，把汽艇借给我的海军军官则待在了旅馆里。我的中国朋友陪着我，我们走了出来。我们经常被从黑暗处打招呼的士兵们拦住，但是最终他们都让我们过去了。当我们来到火车站时，局面发生了变化。到目前为止，士兵们一直穿着制服，但是“敢死队”这个看上去凶恶的群体，却有部分人穿着平民的服装，部分人穿着所有可能样式的制服。这些家伙非常脏，并且他们周围的一切东西除了武器外，都是破旧的，他们的武器包括各种型号的步枪、手枪、刺刀、剑鞘上裹着红布的拳师剑、斧头、棍和刀以及大量的弹药。这些家伙看上去非常好战，但是他们太像喜剧性歌剧中的“强盗”，因此他们吓不到我。他们的举止真的十分好笑，他们表现就像屠龙者或某些与之类似的人。

当他们看到我们走近时，三个没有武器的平民做出古怪、阴险的面部表情，翻着眼睛，挥舞着他们的武器，这帮人中有一个人明显就是强盗的帮手，拿着一把剑走向我们，问我们想要什么。我走向他，向他呈上了我的名片，虽然上面写有中国汉字，但是很明显他不认识这些字，然后我试图向他解释我访问的目的。正当我与他讲话之际，强盗头的手下聚集在我们的周围，把他们的枪栓弄得咔嗒作响，松开了他们鞘中的刺刀。但是，我发现用最厚的脸皮来对付这些家伙是最好的。于是，我率真地告诉一名“敢死”队员，把他的步枪给我看看，我发现他的枪是德国造的 1890 年型的毛瑟枪，但是他的刺刀是法国的！那家伙显然目瞪口呆，把步枪递给了我，我检查完步枪后，礼貌地鞠了躬。这些人当中有几个人突然变得非常友好，我们交换了香烟等。与此同时，我的中国朋友正在与“敢死队”的头进行长时间的交涉，最后我们被允许通过。现在，我是带头的，但是这并没有持续多久，因为我们又被“敢死队”的另外一个分队拦住了。这些人的装束和其他人一样，他们包围了我们，对我这名外国人苦着脸，并且我听到几个人低声说“洋鬼子”。事态看来变得很棘手，所以我向后站，让我的中国朋友与他们交涉。最终，由于我坚持要到炮台去，他们护送我们来到了炮台。但是，我们由两部分人来护送，一开始是五个人护送着我，随后跟着的是我的中国朋友，这些朋友被认为仅有一人护送他们就行了。在路上，有一个能说一点英语的人非常鲁莽地说：“你们洋人帮助袁世凯，我们不久会杀死所有的洋鬼子。”这帮人中的其他人低语着，表示他们的赞同。我非常平静地回答说：“那好，如果你们想杀掉所有的外国人，你们为什么不从我开始呢，你骗人！”

很明显，那家伙没料到会有这样的回答，他保持沉默。那帮人中的其他人大笑起来，愚弄他们中那位“仇视外国人”的同志，因此那家伙溜走了，而我再也没有看到过他。我的态度和回答显然对我帮助很大，因为这些“英雄们”变得十分友好，他们陪我到炮台的门口时更像是荣誉卫兵。我们在炮台门口把名片交给哨兵，请求他把它们送给居正将军。

哨兵告诉我，居正将军已经离开了炮台，去了上海。一开始我并不相信，因为我知道士兵们有时告诉那些向他们问事的人这类信息，希望获得赏钱。但是，我后来发现那是真的。我请那名士兵把我的名片交给刘廷汉将军，但是他拒绝了。因此，我不得不求助于我的“荣誉卫兵”和那些家伙，他们十分钟前还威胁杀死我，现在成了我的帮手。他们劝说那名士兵答应我的请求，那名士兵最终照做了，然后我们被带进了指挥官的衙门，在那里的等候室坐了下来。等了一会儿，刘廷汉将军出现了，有一大群人陪同着，他们坐在周围听着。一开始是一般性的相互问候、交换名片，供上柠檬水、撒尔沙汽水以及“绿锡包”香烟，我则开始向这位将军询问消息。他非常乐意协助，看上去很高兴把消息告诉我。他告诉我说：两天前，北军试图在夜幕的掩护下从他们的军舰上派一个分遣队登陆，但是他们的企图被察觉，并且被讨袁军击败，北军因此损失惨重。顺便说一下，这件事绝对不是真实的，它让我觉得这位将军明显是有意在给我讲故事。因此，我装得好像相信它，并仔细地用意大利速记法将之记在了我的记事本上。我注意到坐在旁边的一个人试图瞟看我写的东西，由于我们不知道这个中国人懂多少种语言，所以我选择了用速记法记录，这当然是一种保护。

讲完这个故事后，这位将军开始讲另一个。他告诉我，8 月 4 日早晨发生了非常猛烈的炮击。并且他非常满意地说，他亲眼看到一门大炮射出的两发炮弹击中了“海圻”号的后甲板，炮弹爆炸对它造成了巨大的破坏。我向他询问破坏的细节，告诉他说，我认为他已经通过望远镜观察到了目标。但是，他明显地对我的好事有些恼火，并说浓浓的黑烟使他无法看到爆炸的炮弹所引发的破坏程度。这个故事对我来说已经足够了，我知道事实上并没有爆炸发生。正如每个士兵所知道的，一枚爆炸的炮弹不会产生浓浓的黑烟。后来，我在“海圻”号发现该舰根本没有发生爆炸。

这时，刘廷汉将军被一名为他送信的士兵请走了，而我被留下来与将军的军官们在一起。从军官们那里，我了解到，相当数量的日本人已经抵达，他们大多数是训练有素的炮兵和工程师，其目的是使炮台进入更好的防御状态。军官告诉我，炮台里大约有 80 名日本人，后来我证实了这一说法。（我忘了提一下，上海四处散布的谣言说讨袁军也获得了一名不是日本人的外国炮兵的帮助）

我问其中一名军官，炮台里是否有其他的外国人。这个人显然不知道我问这个问题的目的，肯定地点了点头，并打算对我说些什么。突然他旁边的另外一个人抓住他的衣袖，对他说了些我听不懂的话，并且面带怒容，于是那个人突然改变了话题。现在我得到了一个重要的暗示，并且决心找出讨袁军中有一名外国教练的这些谣言背后的原因。

现在我说起了居正将军对我的许诺，即无论任何事情发生，我都可以待在炮台里，不过我注意到了一些古怪的表情。刘廷汉告诉我，居正将军已经到上海去与陈其美将军商议，并与之讨论炮台最终放弃的问题。刘廷汉仅是炮台的二号人物，不能作决定。他向我保证晚上不会发生事情，然而当我坚持自己的要求时，他告诉我说：士兵们有些排外，他不能保证我的安全。

我看这样做是行不通的，就告辞了。我回到了旅馆，在那里遇到了一直在等我的那名海军军官以及我的中国朋友们。汽艇开了回去，我把为报纸提供的信息交给了海军军官，他热心地把这些转交给我的编辑。

晚上，我住在旅馆里，并且是三个晚上以来第一次睡了一觉。

一大早，天刚放亮，我就起床了，离开还在睡觉的同伴们，前往炮台。我走到直接通向将军衙门的大门，然后走了进去，并没有被哨兵拦住。在接待室，一名军官，他的名字我忘了，非常无礼地接待了我，我从他那里得知：刘廷汉将军非常忙，并严令不准任何陌生人进入炮台。他还说自己很抱歉告诉我这些，等等。嗯，我知道这是他的花招，于是我改变主意离开了，同时我决心戏弄一下那些家伙，并不惜任何代价进入炮台。我从自己进来的大门离开炮台，但是我又回到这个门口，把我的名片递给哨兵，要他把名片送交给刘廷汉将军。我决定自己要被领着看遍整个炮台，因为我想看看说故事的老手刘廷汉所说的是否是真的，即炮击没有对炮台内部造成任何损害。除此之外，我还想看看整个情况如何。我成功了。这名士兵显然没有得到禁止陌生人进入炮台的消息，所以他接过了我的名片，拿起枪，招手让我跟着他，他在前面带路。于是，他带我走过整个炮台，我看到了自己所要看的一切。我注意到那里有一个可降下的探照灯，而它的存在却是刘廷汉将军此前谈话中所否认的。我猜测：他认为政府的军舰以为炮台里没有探照灯，试图在夜幕掩护下接近炮台，这样他就会意想不到地在光照之下轻易发现目标。现在，我想给它拍个照片，于是我停了下来，叫住士兵，跟他说我的鞋带松了，我要系紧它，我会很快跟上他。那人相信了我的谎话，继续往前走。我从袋子里一下子拿出了相机，拍了一张快照，迅速地把它装了回去，然后又忙着系鞋带。当我遇到一门大炮时，我又故伎重演，拿出一些钱，对那士兵说，我想给他一个赏钱。这使得那名士兵的脸上露出了高兴的笑容。于是我拿出一把硬币，让它们掉下去，故意让一枚银元沿着坡滚下去，我不得不说，那士兵自然而然地放下枪，去找那枚藏到草丛中的银元。我急忙拍下了那门大炮，耐心地等着那名士兵拿着银元回来。为了避免被怀疑，我要回了那枚银元，然后给了他 40 角。我之所以给他少于一银元的赏钱是有原因的，因为这些南方人是非常聪明、机智的，他们很快会产生怀疑。

吴淞炮台里的重炮

吴淞炮台里可降下的探照灯

我思考着自己怎样才能不见到刘廷汉将军就离开炮台，如果他再见到我，很可能要么被惹恼，要么会产生怀疑。但是，我无计可施，因为那名士兵得到赏钱以后，对我是如此地信任，把我丢在一边，自己开始跑起来，并且已经进入刘廷汉将军的衙门。哎呀，我现在不得不遭受困境！

一开始，我想溜走，尽可能快地离开炮台，但是这是不可能的，因为片刻之后那名士兵就跟着一个穿着便装的人回来了，那人戴着金边眼镜，我并不认识他。这个人后面跟着一群拿着枪的士兵，枪上都上了刺刀，他们把我包围起来，不过并没有碰我。我知道戴眼镜的人是讨袁军的军官，他叫道："我知道你是谁，你是个间谍，你是外国军官，被袁世凯收买了来对我们进行侦察，我们要杀了你，你将被带到军事法庭！"

那个人说着流利的英语。我用同样的语言简明扼要地说，他最好停止这种胡说，并且问他簇拥在我周围的人意味着什么。我让他明白：我仅仅是为外国报纸服务，从未与中国的政治搅在一起，同时他自己应当小心，不要把自己愚弄了。我直接让他知道，南方人采取的所有行动都没有策略和其他军事原则，基于这种事实，这里绝对没有什么可侦察的东西。

那个人被我难住了，没有回答我。他让我跟他走，然后我和那名军官在大约10名士兵的簇拥下，一同走到一栋房子前，并走了进去。那名军官请我坐下，然后离开了房间。一名士兵拿来香烟和苏打水，于是我喝了起来。然后，我拿出自己的记事本，记下了所发生的事。

写完后，我向四周看了看房间，里面有几把椅子和一张桌子，我就坐在桌边。房间里没有别人，我走向开着的门，以便走出去，此时我注意到门口站了一名哨兵，他不准我离开房间。哎，什么事也做不成。我向士兵保证我不想逃走，并请他把步枪拿给我看看，他那支枪上有一个看起来有点奇怪的缺口。他犹豫了一下，把枪递给我，我发现他的枪是一支1888年样式的旧式俄军步枪，配的子弹是铅弹。

我在房间里尽可能让自己舒服，等待任何可能发生的事情。我一点也没有感到不安，我很高兴得到了有趣的东西可以报道，如果我能成功地走出炮台的话。

大约 10 分钟后，那名士兵向房间看了看，然后对我说："他们来了。"随后，他们走了进来，那名军官这回穿着整洁的制服，上面挂着几枚勋章，陪同他的几名士兵站成一排。几句命令后，士兵们把他们的步枪装上了实弹。我注意到那些士兵拿的是俄国、德国、日本造的不同型号的步枪。他们把枪上完子弹后，又安上了刺刀，我鄙视地对那位军官说，他的命令是错误的，因为步枪应当是在装好刺刀后再安子弹。军官怒容满面，但是什么也没有说。

士兵们把枪放在脚边，军官告诉我说，"总司令"命令把我带到军事法庭，他受命将我带到那里。我站了起来，护送者在我四周围成了一圈。那些人带着我穿过庭院来到一栋房屋内。在一个房间里有几个人，没有一个人是我认识的。当走进去时，我向他们问好，他们礼貌地表示感谢，并请我坐下。那些人在一张桌子周围坐着，其中一位我不认识的人用我听不懂的方言——粤语，向我问了几个问题。我指出自己听不懂，于是一位姓王的军官担任翻译。他们向我问了所有可能的问题，最后他们进行了商议。我听到一位讲上海话的人提议我应当被枪毙。另外有一个人表示反对，他推测"外国炮舰"将进行干涉，因为我很可能是来自一艘炮舰的军官。然后，有人问我在上海是否有朋友、有谁知道我此刻在哪里。我很自然地说，我在上海有无数的朋友，每个人都知道我在吴淞炮台。他们问了我好几次这个问题，我很清楚，如果我否认人们知道我在哪里，他们会把我枪毙了。然后，另一个家伙对其他人说了一句卑鄙的话。他说对他们来说除掉我是非常容易的。他说可以很容易地做如下安排，即一些士兵"意外"地打死了我，而且，不会有责任落到南方政府身上，因为外国人已被警告待在战区以外的地方。

当我看到那个无赖的提议似乎赢得支持时，我感到非常不舒服。那些家伙商议了好一会儿，最终他们决定最好还是等居正将军回到吴淞，因为他是炮台的指挥官，就由他来决定我的命运。这就是他们形成的决定。

那名军官把我带回到了此前我待的房间，我被一名拿着日本村田式步枪的勇士监视着。我又开始写东西，然后听到了不像是中国人的脚步声。我抬起头来，一下子看到了一个高个子的白皙的外国人盯着我，他穿着卡其色的裤子、白色的衬衫，戴着一顶卡其色的太阳帽。这个人有 6 英尺高，留着白色的卷曲胡须，有张晒黑的脸。他一发现我看着他，就立即消失了。当我试图跑到门口追他时，哨兵架起了他的步枪，把门给堵住了。不能追上那个陌生人，让我感到气恼。

过了一会儿，说英语的那位军官走进房间，没有任何询问就告诉我说，炮台里有一个很出名的广东炮兵，他是炮台的主炮手。这位军官继续讲他的故事，说这个人与（其他）中国人的一个显著不同就是长得非常高，并且他虽然年轻，却有着白头发。我耐心地听着他的故事，但是当他讲完这些无稽之谈后，我禁不住笑了起来。刚才，我所看到的恰好证实了我在上海好几个场合听到的一个谣言，即讨袁军雇用了一个外国人担任主炮手。顺便提一下，我们不能不说：讨袁军的选择是非常不幸的。他们被一个外国人愚弄了，他从前曾是一名辎重军士，却谎称自己以前是一名炮兵上校，并被讨袁军重金聘用，讨袁军相信了他的故事。

我告诉那位军官，没有必要告诉我这些事，因为在上海的每个人都知道炮台里有一名外国炮手。那军官也不回答，就离开了。

与此同时，各路部队的无数士兵都来了，他们往房间里偷看，有时还说些令人不快的杀人的话，对此我都尽可能地用不好笑的笑话给予答复。

时间渐渐地流逝，房间里开始变得很温暖。那名士兵给我拿来了一些柠檬水，并与我十分友好地进行交谈，告诉我他是如何成为一名讨袁军士兵的。在那里，我听到许多讨袁军士兵告诉我同样的事情。他们以前是苦力，他们希望通过许诺给他们的高薪和劫掠来赚钱。直到现在，他们的日子还很糟，只有少数人例外地在打仗和大火灾时，在制造局和上海城里幸运地捞了一把。

大约两个小时后，那名军官又来了，告诉我军事法庭的成员已经认定我无罪，同意我离开炮台，我应当立即离开。我想起了那个“意外打死”的提议，要求那名军官在没有护卫的情况下带我离开周围的各种营房。我尽可能地避开士兵，直到到达大门口，在那里我赶紧道别，并离开了炮台。当时我总是贴着墙走，以免被墙头上放哨的人看到。

我快步走了大约半英里路后，回到了旅馆，我的中国朋友们都在那里焦急地等我。他们已经听说我前往炮台，并试图跟着我，但却被炮台门口的卫兵拦住了。他们担心我会出什么事，看到我活着回来很高兴。

现在，我们在旅馆里心中满是阴霾。我们想通过能找到的任何交通工具踏上回沪之路，因为那里没有汽艇载我们回去。

大约是下午 1 点半的时候，我在中国朋友的陪同下离开旅馆，踏上回沪的旅程。我们沿着铁路走，路上遇到刘上校，昨天我同他交谈过。他告诉我，在炮台附近的宝山县，已有几名间谍被讨袁军俘获。从三个男子身上搜出了大量的金钱和几封劝降的信件，从这些可以认定他们是为北京的“中央政府”服务的。

那些人被逮捕，并被带到军事法庭，结果被判处死刑，但是上述三个人的领头人是一个叫萨孟和（音译）的，他幸运地找到了逃跑的办法。其他两个人被带进炮台，并被枪毙。他们被曝尸数小时，尸体上粘着纸片，上面写着被处决者所犯的罪状，作为对其他人的警告。

刘上校很高兴听到我摆脱了困境，并告诉我说：引起怀疑的不是我的行动，而是某个外国人给士兵们讲的有关我的无稽之谈。那名外国人不能从士兵们那里获得什么东西，士兵们自然相信他所说的，并将之报告给了上级军官。于是那些军官想除掉我，或至少找个办法不让我待在炮台里。

在我被关押期间，刘上校本人不在炮台里，但是他在昨天傍晚听说了有关我的事，他自己都不敢相信。

现在，我们继续前行，不得不步行，因为这条路上常用的运输工具——手推车全都被讨袁军征用去运输他们的军需品了。从吴淞到上海有13英里，在正午的高温之下走这段路绝不是件令人愉快的事情，但是我们在路上幸运地找到了两辆手推车，苦力们很高兴地把我们送到了江湾，他们获得了一笔不菲的报酬。在江湾，我们找到人力车，通过这种方式我们回到了上海。

在行进的路上，我们听到了步枪的射击声以及几次炮击，那炮弹明显是从中型火炮发出的。后来，我发现发生了一些事情。

我在前面已经提到，在吴淞的讨袁军中包括组成炮台守备部队的居正将军的队伍，和保护炮台周围乡村的刘福彪“上校”的“敢死队”。

两个领导者之间一直有一些猜忌，最终刘企图冲进去占据炮台。但是这一企图失败了，“敢死队”被炮台的驻军击退，并且损失惨重。刘福彪选择逃进一艘汽艇，退到了上海，他感觉那里的公共租界很安全。

第二天，我有机会亲眼目睹“敢死队”和炮台守军之间发生的非常激烈的战斗，因为我在火车站附近一栋建筑的一个房间里发现了几名“敢死队”队员的尸体，他们被追击到那里，像陷阱里的老鼠一样被从窗外射进的子弹击毙。很多人在已发生的战斗中倒下，其余的人逃散到野外，只要穿着制服，他们就把自己的制服丢弃，大约有50人被炮台的驻军抓获，并被当作叛徒枪决。（这可能不十分准确，因为没有发现尸体）从那时起，“敢死队”这个就不复存在。刘福彪从上海转移到徐家汇附近的法华村，在那里他企图再次为自己的组织招人，但是并没有取得预期的成功。

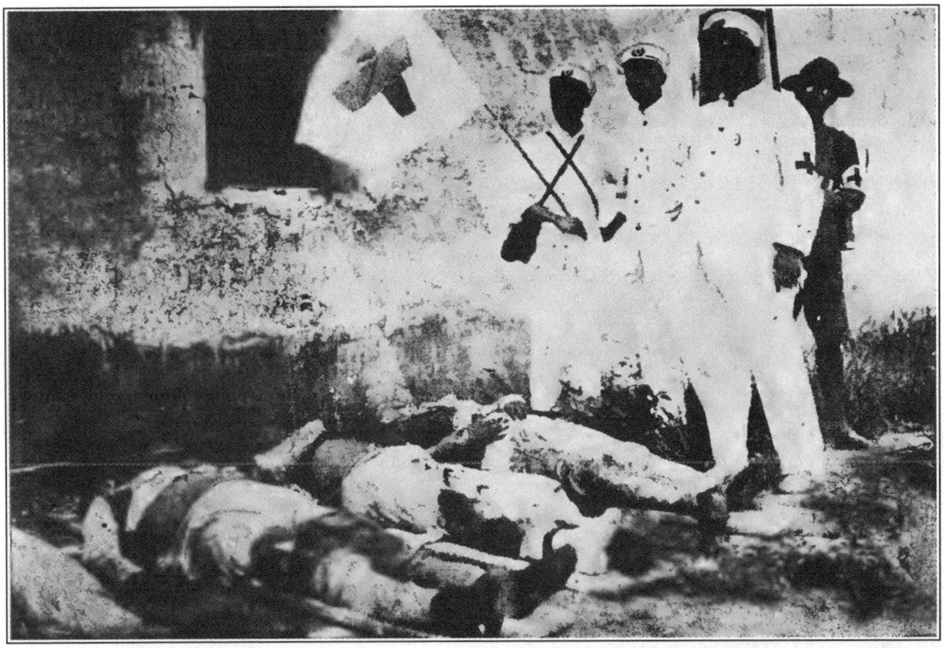

8 月 9 日战斗后的两天里，红十字会的掩埋队在王培元医生的指挥下，在江湾掩埋了 87 具尸体

吴淞的局势一直是相对平静的，现在对占据该地的讨袁军来说恶化了。直到现在，他们都是进攻者，对抗着几艘停泊在长江口的政府的军舰，与此同时，讨袁军没有遭到北方军队从岸边发起的任何进攻。

政府的军舰对炮台的轰击一直没有取得满意的效果，预计政府将从陆路采取某些行动。虽然吴淞炮台的装备不好，但是它们拥有每一个炮台所拥有的对抗进攻的军舰和舰队的巨大优势。政府军队的指挥官们对此非常了解，他们的意图是从岸上和海上发起会攻，将讨袁军从四面八方包围封锁。海军上将李鼎新指挥的陆上部队将从岸边进攻炮台，登陆部队必须经过江湾前往吴淞。与此同时，李上将指挥的舰队必须等待时机轰击炮台，支援进攻的陆上部队。

8月9日下午早些时候，我到江湾进行了一次信息之旅。据说讨袁军已在那里部署了强大的兵力，以迎击每天都可能到来的北军。江湾的周围似乎要被剥夺一切，披上军事的外衣，什么都看不到。乡下人如同往常一样地在劳作，我没有发现任何异常情况。

在战场上被杀死的人

江湾村的入口处有一座跨越小溪的石桥，离火车站不远。当我进入江湾村时，我在那里遇到了几名讨袁军的探子，他们告诉我他们的指挥官在镇中心的寺庙里。

到那里去的路上，我遇到的全副武装的士兵越来越多。当我到达寺庙前面的广场时，我看到讨袁军在那里有一个正规的营地，里面大约驻扎了300名士兵，由一名上尉指挥，他的名字我忘了。这个人有一个绰号，他的士兵都叫他“海盗”，因为这位先生从前是抢劫河流上旅行者贵重物品的“海盗”。我没看到这名军官，于是我就请一名士兵把我的名片送给军官，他照做了。那名士兵是一个大约 16 岁的少年，他背的步枪比自己都要长。我没等多久，那名士兵就回来了，请我跟他走。随后，我进了寺庙，那名军官正坐在桌旁抽烟。他欢迎我的到来，并问此行的目的。对此我向他作了解释。

这个男人是一个满脸麻子的高个子，相貌普通而粗鲁，他很有礼貌，但是我从他给部下发令的方式发现，他与自己的绰号很般配。他向我保证讨袁军没有什么意图，只是想保卫国家。

当我同他说话时，听到外面传来一声大叫，军官走出去看发生了什么事。我跟着他走了出去，看到士兵们带来了一个穿着便衣的人，他的容貌显示他是一个北方人。这个人因被怀疑是政府军队的探子而被抓获，后来证明这是真的。军官向犯人问了几个问题，那个人用一种挑衅的方式予以回答，于是“海盗”在还没有人阻止他之前，把他的剑从空中一划而过，砍中了那名犯人的脑壳，犯人倒了下去，头几乎被劈开，立刻就死了。“海盗”擦干净剑，把它放回剑鞘，然后回到了寺庙里，看着我说：“我就是那样对待每一个探子的。”

他继续说着，好像什么事情都没有发生。我了解到，他对北军的最终进攻并没有采取防备措施。他这样说道：“我们不用筑垒就将击退这些苦力们。”

我向这个有趣的人道别，然后在江湾周围走动，但是我没有发现任何异常的情况。我仅在铁路附近发现一名军士带领着一个巡逻队。除此之外，没有布置别的哨兵或前哨。

同一天上午，海军上将李鼎新已用船运送了大约 3000 名士兵至上海下游的之高四饭店，这些士兵绝大多数是河北人和山东人，他们在那里重新集结起来，向江湾进发。这些军队的进军速度很慢，因为北军携带的许多枪炮和其他军需品必须用苦力运送，而找到足够的苦力是相当困难的。由于北军士兵不愿搬运他们的物品，这就使得出发远征的时间被严重拖延了。

除此之外，这里的田野像制造局周围一样，很多河流交织在一起。这对于大部队的通行是相当困难的，对于北军携带的不能拆散的野战炮与弹药箱来说尤其困难。北军忘了将一定数量的苦力与士兵一起运送来，而且这里很难找到人，因为乡下人非常害怕，拒绝服役。他们大多选择了立刻离开，把房子留在那里。因此，北军除了随身携带的一些茶外，要在没有任何食物的情况下停留差不多三天，这也就不足为奇了。

北军在他们行进途中没有遇到敌人，于是他们占据了江湾火车站，海军上将李鼎新在那里建立了司令部。同时，一支较大的分遣队进入江湾村，他们在大约下午 4 点到达时发现起义者撤离了该地。讨袁军显然已获悉北军的进军，于是撤退了。

北军士兵占据的江湾火车站

北军到达江湾就立即布置岗哨和哨兵，并且通过军队自己携带的无线电设备，同黄浦江和长江口的舰队建立了联系。

江湾周围被牢牢地控制住了，海军上将李鼎新派出了一支由一名军士带领的大约20人的巡逻队，前往火车站附近的青齐庙（音译）村，并且占据了那个地方。这个小分队在前进途中遇到了一支更强大的讨袁军，北军的队伍虽然在人数上被讨袁军超过，但是取得了胜利；讨袁军被打败了，并尽快地撤退了。

北军占据的江湾火车站建筑

8月11日下午早些时候，我到了江湾，去看看事态发展的情况。那里没有发生什么令人兴奋的事。军队已牢牢控制了江湾周围到赛马场一带的地区。

在那里，我遇到一个事故，幸运的是它对我没有造成什么坏结果。这次，我的车子由一名中国人驾驶，当车到赛马场时，我下了车，然后独自向火车站走去。在铁路闸口附近是一个用波状铁皮板制成的小屋，平时它是用来卖票的地方。现在那里面驻扎了一个由三名北军士兵组成的巡逻队。这三个人没有觉察到我走近，他们组成了我想快照下来的一群人。但是，一定是有什么暴露了我的到来，当这三个家伙看到我用照相机对着他们时，突然站了起来，抓住了他们的步枪。其中有一个人跑进小屋，躲在墙后，从窗口向我开了一枪，虽然射程短得不超过 30 码，但是这一枪却没有射中我。这个家伙很可能误认为我的相机是一颗定时炸弹了。

江湾附近的北军巡逻队，他们在作者拍摄这张照片时向他开枪

被俘的“敢死队”在江湾火车站（这些俘虏的手是被拷起来的）

就在那个人瞄准我的紧张时刻，我碰巧拍下了这张照片，所以这张照片也就展示了当时的事态发展。

我开始大肆地咒骂那个家伙，其他几名士兵过来了。这些人曾经在制造局驻守，他们认出了我，并对我非常友好，一开始他们都对自己胆小的战友骂骂咧咧，最后又都取笑他。

我找他们的指挥官，他们告诉我，他回上海去了。于是，我就等着，并四处看看，在营地和成群的士兵当中走动。

大约下午五点钟时，一名士兵告诉我：几名外国人出现了。我想知道这些人是谁，开始返回火车站。这时突然有两声枪响，那是北军的警报信号，然后猛烈的射击立刻开始了。北军遭到一群向他们猛烈开火的讨袁军的偷袭。激烈的战斗随之发生，北军不得不奋起抵抗，因为他们是在做饭时遭到偷袭的。讨袁军是由日本指挥官们带领的，并带有几门大炮，大炮是由日本炮兵负责的。在交火开始时，几名德国人在火车站的月台上忙着为政府军队安装无电线设备。但是，他们没有遭到伤害，因为在第一枪打响时，他们躲进了一个比较安全的角落。

战斗持续了大约一个小时，结果讨袁军者失败了，损失惨重。他们有两三个人被打死，有几个人被打伤，其中有两个是重伤。北军俘虏了42名讨袁军，他们大多是“敢死队”的残部，已被允许加入讨袁军的队伍。他们的处境很糟。除此之外，一名讨袁军部队的上尉和他的大约100名下属跑到北军这边来求饶，并得到了北军的宽恕。这名逃兵和他的下属被当成了苦力使用。

一开始，海军上将李鼎新就命令枪决所有的战俘，并且打算在傍晚处决他们。但是，由于红十字会的王培元医生的干预，这一非人道的行动才没有执行。这位海军上将说，他将在第二天决定这些战俘的命运。这些战俘在卫兵的监视下在火车路基上前行。由于他们当中的几个人试图逃走，所以他们的手被绑在了身后，并且卫兵的数量增加了一倍。

这里我必须指出的是：北军对待这些俘虏的行为是不公正的。一般情况下，将战俘的双手绑起来并不常见。但是在这种情况下，在某种程度上是必须的，因为那些战俘大多是以前的“敢死队”队员，而“敢死队”一般是从惯犯中招收成员的，他们并不习惯于特别温和地对待。但是，肯定没必要使那些人毫无保护地处在8月骄阳的曝晒和夜间大量蚊子的叮咬之下，而且那些战俘没有任何吃的。我亲耳听到看守战俘的卫兵们对那些不幸的家伙说，明天他们要遭受酷刑，要么被烧死，要么被碎尸，等等。所以，几名俘虏很害怕，开始哭起来，因为这些对一点也不胆小的人来说也是少见的。

我在火车站一直待到天亮，然后回到了上海，因为我猜测遭到严重损失的讨袁军在第二天不会采取任何措施反抗政府军队。在我回上海的路上，我在一辆汽车里，遇到了一名中国人。令我吃惊的是，我认出了车子里的人是炮台的刘上校，他穿着便装，很可能在江湾有“事情”。从他那里，我了解到下午讨袁军很不顺利。在某个日本军官的指挥下，他们被分成两支队伍，一支有200人，进攻火车站的北军，而另一支较强的队伍有800人，从后面进攻北军。

这一计划失败了，因为那支较强的部队先到达江湾，在不知道另一支部队是否到达的情况下，就发起了进攻。

第二天，城里谣言四起，这些谣言有一点是完全相同的，即下午将会有激烈的战斗，大战迫在眉睫。这些谣言使我又驱车赶到江湾，从那里步行去吴淞。

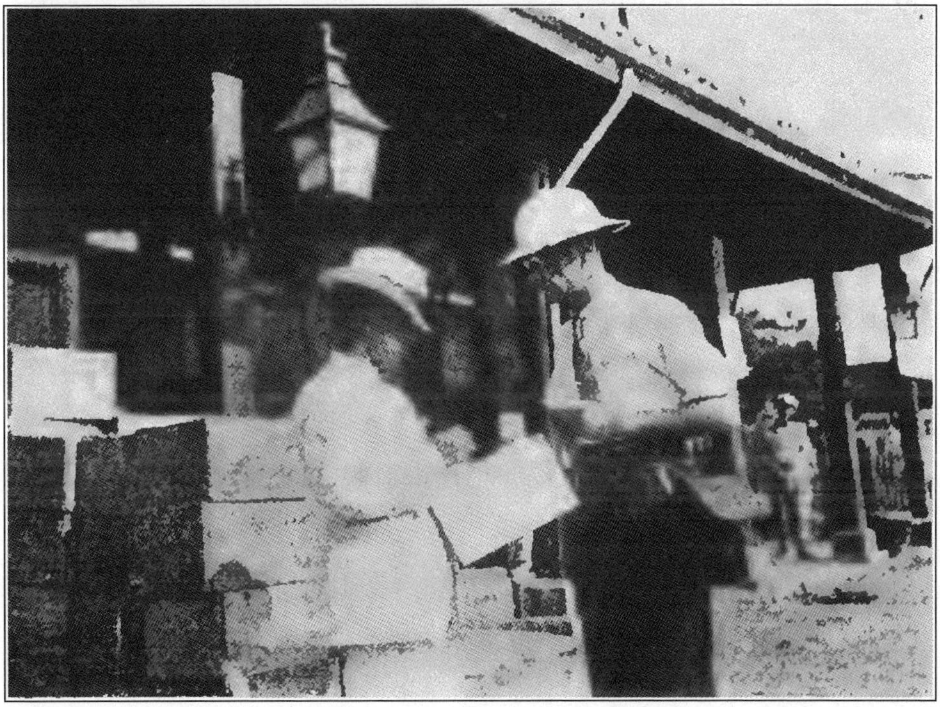

薄将军同作者交谈

在江湾安葬一名被处决的军官

走近江湾时，我看到几天前发生的战斗使它与周围的其他地方有显著的不同。在路上，我遇到许多逃难的人，他们在看到事态变得严重时，进了上海的外国租界，以寻求庇护。路旁几乎所有的农舍都被主人遗弃了。在诺依曼先生的农场附近，我看到了一辆丢弃的人力车，某些精明的“生意人”已把那车轮上的橡皮轮胎偷走了。到处都是大量野狗，这些动物看上去比平常更加饥饿。

我很快到了江湾，在那里我被介绍给海军上将李鼎新以及薄将军，前者是政府进攻部队的总司令，后者隶属于司令部。我应邀喝了一杯茶，并与李上将谈论了讨袁军所拥有的机会。李鼎新将军的司令部由一辆机车和一个客厅式的豪华车厢组成，并且在站前处于发动中的等待状态。很多士兵忙着做饭或擦拭步枪，那里不断有通信兵、传令兵以及前往执勤或执完勤回来的分遣队进进出出。李鼎新上将非常忙碌，但是尽管有事，他还是为我腾出时间，向我详细介绍了他的部队的行动。无线电设施已在车站大楼的前面建立，并被广泛使用，因而一直都可以听到它发出的嗡嗡声响。

李鼎新将军在江湾火车站同作者交谈

那里没什么可看的，于是我离开了，沿着铁轨旁边的狭窄小路前往吴淞。我在行进过程中没有遭到干扰，很快到达了北军的最后一个前哨，我走了过去，接触了讨袁军的第一个阵地。

那里有几栋房屋和茅舍，构成了一个小村庄。我在村庄里发现一群乡下人聚集在寺庙里，为村里失去了几个人而哀悼，他们是在前一天的战斗中被流弹和子弹打死的。我走过这个村庄，然后穿过田野。在那里我看到了几具尸体，它们在过去几周以来的高温下腐烂了，散发出难闻的气味。几条饿狗不管这种气味，正忙着从死尸的骨骼上撕咬人肉，真是令人作呕的一幕。稻田里的死者密密麻麻，他们是讨袁军士兵，这点可以从这些人的上衣制服上仍然戴着的白色亚麻徽章以及散落在周围的子弹认出来。顺便说一下，这些人是在进攻时被击中而倒下的。有几具尸体挂在篱笆上，他们很明显是在企图翻越这些障碍时被击毙的。

进攻吴淞炮台的政府军总指挥李鼎新将军同作者在江湾火车站交谈

离开铁轨，我在另一个地方发现了一具几乎被炮弹的弹片炸成两半的尸体。这个人几乎全裸，我认为他是在战斗最激烈的状态下脱掉了外衣。

我又向前走，回到了铁路旁边的小径上，突然几枪打了过来。这明显是射向我的，因为子弹的嗖嗖声是贴耳而过的。我没能看到敌人，然后继续前行，对目前的形势毫不畏惧，伸出手臂举过头顶，向开枪的人表明我不是战斗人员。尽管如此，那些家伙还是再次开枪。为避免进一步的危险，我趴在地上，用四肢向前爬行。我没爬多远，就有人对我大喊大叫，我听不懂，站了起来，又有几发子弹从我旁边飞过。我向他们喊叫，然后一支巡逻队走了过来，它大约有 5 或 6 名士兵，由一名军官指挥，这名军官要我注意：他不允许我继续向前走。他根本不听我的解释，坚持要我回江湾去。

唉，我无能为力，而且我手无寸铁，不得不答应他的要求。我向他提出要一名护卫，送我走过前哨。我曾经走过这些前哨，在走近时遭到他们的射击。他答应了我的请求，于是一名士兵跟着我，我开始上路返回北军营地。我经历了一个有些刺激的冒险，因为在我到达北军阵地时，南北双方开始了一场小规模的战斗，进行了近距离的猛烈射击。我只剩下一件事可做，那就是趴到沟里，在那里等到整个事件结束。待在水里很不舒服。但是，让我感到欣慰的是，我并不是唯一一个有这种经历的人，因为在同一天下午，我的老朋友——红十字会著名的王培元医生有同样的冒险经历。仅有的不同是：他在迅速脱离火线时滚进了水里，他不得不在这个不舒服的地方待了大约 15 分钟。

战斗仅仅是个小冲突，很快就失去了政府军队的注意。当我确定形势后，爬出了水沟，然后继续走向火车站。在火车站，我看到讨袁军的射击虽然轻率，但是还是造成了一些损害，因为北军士兵有两人被打死，另外他们统计有三人受伤。

这些在已发生的战斗中受伤的人被送上了一列特殊的红十字列车，那列火车是从上海派来的，大约是在下午 5 点钟左右到达江湾。

由于一切都很平静，看起来除了一些狙击外，不会马上发生什么事情，我回到自己的车停靠的地方，然后回到上海稍微休息一下。因为我想在夜晚再访江湾，原因是据我的经验，晚上敌对行动会重新开始。

傍晚的时候，我很难找到一辆汽车，因为中国司机认为江湾的情况很严重，婉言谢绝了我的请求，我所有说服他们的努力都无济于事。于是，我又与埃斯沃尔德先生取得了联系，他幸运地帮我弄到了一辆车，他很快在他的熟人雅可比先生的陪同下来了。

我们先驱车经过闸北，看那里是否有什么事情发生，然后才开始驶向江湾。

路上很平静，而且一直到驻守着一支巡逻队的赛马场，什么都没有看见。我们的汽车半速行驶。我们与士兵没有产生麻烦，当他们看到车里的外国人时，没有拖延就让我们过去了。

我们到达了火车站，我进去找海军上将李鼎新，但是由于他已经上床睡觉了，我没能见到他。于是，我与第二号指挥官薄将军进行了较长时间的交谈，我同他谈到了北军所遭受的损失。这种损失相对较小。他们仅有 4 人死亡，大约 20 人受伤，其中有几人受重伤。伤兵被送到火车站的候车室，他们被放在那里等待运送伤病员的列车。那列车是由红十字会提供的，由王培元医生负责指挥。

我去看望受伤的士兵，发现这些可怜的家伙处境很糟。他们的伤口是没有经验的人包扎的。我看到血从伤兵的伤口慢慢地渗出，伤口上仅部分地包着肮脏的破布，无数的苍蝇爬在上面。有一个人的肩间被马克沁机关枪打了至少 13 处创伤。虽然情况很糟，但那个人还活着，呼吸沉重。还有一个人被炮弹的弹片击中，几乎从手腕处将他的左手割断。那只手仅有皮肉相连，被简单地绑在一根木片上。顺便说一下，这个人是一个老兵。他在过去的三年里曾经历和积极参与了不少于 40 次的战斗和战役，此时他非常沮丧。在前线时，他在所有的战斗中都没有受过伤，因此他告诉我，他一直都有好运。在7月革命发生时，他是制造局的守卫者之一，被派到龙华附近的一个前哨，虽然那里发生了最激烈的战斗，但是他都没有受伤。他向我描述了那天下午的进攻，并告诉我，他和他的几名战友在安装一挺机关枪时被一发炮弹的弹片击中，有一个人失去了右眼。

房间里的环境很闷，我请薄将军命令把窗户打开，他犹豫了一下还是照做了，因为一名中国医生建议他给这些伤兵保暖，在阴凉处温度要在40摄氏度以上。

与候车室相邻的房间是薄将军的临时办公室。这个房间是站长的办公室，两边各有两扇窗户，并安有一部电话。在那里，我看到几名军官和人员在忙着整理文件、读文件等。

总的来说，情况并没有变化，所有的战俘都坐在铁路的路基上，他们的手依然被绑在身后。

大约凌晨一点钟时，我试图与我在上海的编辑通电话，以便把过去发生的事情作一番简单的报告。这时电话响了，当时我就问讲话的是谁。我了解到沪宁铁路总局想了解事态如何。所以这名在上海打电话的铁路官员很可能非常奇怪，听到的是一名报社记者在接听电话，而不是他所期望的站长。而这名站长同站内的其他人员在战斗开始时就已经离开了。我给了这位先生一些信息，在结束这次通话后，我给我的编辑打了电话，幸运的是我打通了。当我正在读自己在记事本上所做记录时，我突然听到了一声喊叫，接着是猛烈的射击，并伴随着许多的喊叫声。我手里拿着电话的听筒，弯腰向前看是什么引起射击的，这时窗玻璃突然掉了下来，哗啦一声摔碎了，子弹从我旁边呼啸而过，很明显这些子弹是射向我的。几乎三面墙上都有开口，几发子弹从我旁边射过，墙上和我旁边的地上留下了深深的弹洞。我立刻认识到逃走是徒劳无益的，于是待在电话旁，继续我的留言。这时外面那些陌生的家伙继续向房间射击，有两发子弹射穿了我的裤子，其中一发子弹擦伤了我的左腿，但是当时我并没有注意到。射击持续了大约3分钟，不会更久，但是我认为它是漫长无限的。我的同伴们更幸运些，因为他们在射击开始时是安全地待在候车室内的。

我走到露天石阶，了解到一小群讨袁军试图通过袭击卫兵来帮助战俘逃脱。这一企图失败了，北军立即清点了战俘，发现战俘中只有1人逃脱了。一声令下，许多士兵用手电筒在田野中寻找那名逃脱者，他们几乎是人手一个手电筒。他们没找太长时间，就在火车站附近的一个水沟中发现了那名逃脱的战俘，他的双手仍然被捆着。那名战俘滚下堤道，希望能够在第一次警报引发的混乱中脱逃。当搜查的士兵们发现那名战俘时，他们发出了可怕的喊叫声，在其他几名士兵的帮助下，一起用刺刀刺向那个可怜的家伙，直到把他刺死。听到那位遭受折磨的人的喊叫声，是很恐怖的。然后，那些士兵在完事后回来，向他们的军官报告了事情的经过。

这件事与士兵们的其他一些评论，使我发现交战双方有着可怕的仇恨。北军对抓获的讨袁军毫无同情，他们常常把能抓住的讨袁军士兵击毙在自己的枪口前。必须指出的是，南方人有更多的人道主义原则。他们把抓获的每一人送到军事法庭，而军事法庭并不总是把被指控的人判处死刑。

但是，让我高兴的是，海军上将李鼎新一开始倾向于把42名“敢死队”的战俘全部枪毙，但他并没有执行这一想法。这些战俘被送到了制造局，在那里修筑防御工事。其中有些人还得到了报酬，并被问是否愿意被遣送回籍。

这次事件对我来说再次意味着九死一生，事后我回到了上海，但是凌晨我又回来了。然后，我见到了李鼎新上将，并与他谈论昨天夜间发生的事情。我从他那里得知，并证实了自己的假设，即陆军未完成集结之前，对炮台的炮击不会开始。并不是说战舰上的重炮对炮台不能造成威胁。这位海军上将指出，政府军队的意图是尽可能减少对炮台的破坏，以避免重建时的巨大花费。李鼎新上将悲哀地说到他的士兵必须要做险恶而艰巨的工作，严厉而憎恨地说到了许多日本人，这些日本人公开地站在讨袁军一边战斗，不仅如此，他们还企图乔装成“战地通讯记者”到可能去的地方从事侦探工作，而且他们在被要求离开那个地方时，居然有脸威胁说他们的政府要进行干涉。

我不能不指出，相当数量的日本人，当然他们都是“没有危害的人”，在革命期间失踪了，特别是在制造局周围战斗期间。甚至今天，某个日本公司的副经理消失了，没有人知道这个人到了哪里。

我认为仍然活着的几个人都知道某个人的故事。此人假装是中国人，当他在某个地方被现场抓住做侦察，并被发现带有某种草图和用日文写的记录时，这名被抓者还厚着脸皮威胁士兵们，士兵们就让他对以后没有危害。

李将军允许我加入他的参谋部，并答应给我所有可能的帮助。他对我说：“我希望这次革命很快结束。”然后，他继续说：我们都将到客利饭店喝杯酒!

李将军提到了他的伤兵，并抱怨说，在红十字会的列车到来前，士兵们只能在无人照管的情况下忍受伤痛。于是，我向这位海军上将建议把最严重的病例送到上海的一家医院，他感激地接受了这一建议。

我又看望了伤兵，并把左手被炮弹弹片击中的那个人带走。在我的指令下，这个人被小心翼翼地抬到了我的车里，我把他送到了天津路医院，在那里他得到了第一次治疗，由当时负责该院的奥地利人彼得·维特先生治疗。在医院，我接到收条，并把它带回给李将军，告诉他那个人得到了很好的治疗。

与此同时，红十字会的列车已经来了，并将所有的伤兵送到了上海的不同医院。

李将军一直由两名时刻不离的卫兵护卫着，他在我离开江湾又返回上海之前，再次真心地感谢我把最严重的伤兵送走，并告诉我他将向吴淞进发。

同一天下午，上海的流言称：吴淞炮台已经向政府投降了。我急忙又赶回江湾，部分政府军队已经离开那里，我从那里开始步行走向吴淞。在行进的过程中，我注意到北军与制造局被包围时的行为差别很大。他们对平民做了几起残暴的事，抢劫了几家财物。并且，我多次看到士兵们在野外找枪支时，甚至从尸体上洗劫贵重物品。

吴淞炮台的投降（李将军的先头部队进入位于钮永建将军占据的吴淞炮台内的居正将军的司令部）

正在行进之际，我看到一辆独轮车驶了过来，上面坐着一个穿便装的人。我认出那个人是讨袁军的一名军官，属于居正将军的参谋部。那个人告诉我：当天上午大约10点钟在红十字会主医官柯师医生的调停下，吴淞炮台投降了。（有关这次备受讨论的事件的更多细节和真相，可参见附件《柯师医生与袁世凯阁下关于闸北和吴淞事件的通信》）他告诉我，吴淞炮台已被北军占据，他们还部分地解除了讨袁军的装备。他还告诉我，大量的讨袁军宁愿在投降发生之前离开炮台，他希望这些想与有能力的讨袁军将军钮永建汇合的人能够组成另一支军队，回来重新发起战斗。这名军官侥幸逃脱，但他假装是吴淞一个村庄里的没有危害的村民，在没有被发现的情况下通过了政府军队的防线。

谣传炮台司令居正将军和炮台的驻军被贿赂了 15 万两银子。后来证实：这名讨袁军将军没有拿任何报酬，但是要求政府发钱遣散他的军官和士兵。

他还告诉我，他担心许多离开炮台而没有向政府投降的讨袁军会变成强盗，因为这些人没有钱。事实证明，这是千真万确的。

几个小时后，上海和吴淞之间沿线的村民被大量出现的强盗所惊扰。这些强盗是以前的讨袁军士兵，他们抢劫财货，并且尽可能多地获得劫掠品。后来我遇到红十字会的王培元医生，这位先生告诉我，他们红十字队在稻田里寻找受伤者和死者时，就被这些家伙射击过，他们甚至不尊重红十字会。这些人与海军上将萨镇冰新组织的军警，或更确切地说宪兵队发生了几次遭遇，虽然后者在数量上处于劣势，但是成功地驱逐了大量的强盗。这些强盗最终向北逃去。

讨袁军的损失非常惨重，所以红十字会有艰苦的工作要做。我有机会数了数稻田中的大量死者，许多倒下去的人由于被芦苇遮盖着，根本没有被发现，已经部分地被遍布战场的野狗所吞食。

◎第七章　结尾事件

在吴淞炮台投降后，形势看起来好像上海周围的革命处于危急关头，但情况并非如此。那里还有一支约2000人的讨袁军队伍，他们得到了从法华招募了士兵的刘福彪部队的增援，希望有机会再战。吴淞投降后，刘福彪遣散了他的士兵，但是士兵们所得的几元遣散费不够他们用多久，于是这些不名一文的人很快又加入到了剩余的讨袁军行列。

8月7日，城中有几个谣言称讨袁军占据了宝山县，但是这些谣言被证明是假的。讨袁军已经退到了嘉定，那里离通往南京的铁路线有几英里远。讨袁军在这个设防的老县城驻扎下来，钮永建将军担任指挥官。这些讨袁军士兵利用这个机会洗劫了县城，大量地搜刮劫掠品。他们已经看到他们的游戏结束了，并认为为自己搞些钱以防备以后的糟糕日子是明智的。

讨袁军在县城外设置路障，挖壕沟。他们有几门自己控制的野战炮，并将之放在了显著的位置。

同一天下午，谣言驱使我前往嘉定，据上海的中国人说那里发生了大战。

在前往火车站的路上，我遇到了一位中国人，他告诉我说，一列载有数百名北军的运输列车将在下午离开吴淞，目的地是嘉定，以便增援嘉定附近的北军，等待机会发起进攻。

大约下午 3 点钟，我到达了南翔，并有机会看到大约有 300 名北军的分遣队是如何出发的。我了解到他们是前往嘉定的，于是就加入到了他们的行列。这次行军非常沉重而艰苦，天气酷热难耐，难怪许多人会生病而不得不被留下来。我自己已经感觉到了中暑的最初症状，但不想给士兵们树一个坏榜样的唯一愿望驱使我坚持下去。

我们最终到达了罗店镇，这里离嘉定不远。在这里，部队被命令停止行军，并向嘉定方向派出了少量的前哨，以保证地区的安全。

坐着手推车，我到达了嘉定，了解到钮永建将军和他的幕僚已经离开，回到了上海。告诉我这个信息的人说："他很可能会背叛我们，并把我们出卖给政府。"嘉定的讨袁军并没有觉得自己是南方的士兵，但是或多或少地认为自己是自由战士，他们尽可能地抢劫财物，不顾及民众已提供给他们遣散费。在那里我再次注意到在这些士兵中有一股强烈的排外情绪，他们说外国列强帮助政府镇压南方。但是总的来说，这伙人保持平静，并没有找我麻烦。

然后，我回到了上海，但是又要出发去南翔，因为我在城里听说夜晚有一场战斗会发生在那里。

我走到火车站，得到的消息却是没有列车运行。当我提出租一辆机车或挂车时，也遭到了拒绝。于是，我要了个鬼把戏。我走到城外，然后躺在铁路线附近的地方，等待有机会被运送到南翔。过了一会儿，一名中国司机和和一名司炉工驾驶着一辆机车开过来了，我跳到铁路中央，使机车停了下来，我向那两个惊恐万状的人解释说，我是铁路公司的一名官员，他们必须把我送到南翔车站，他们照办了。

我希望沪宁铁路的先生们能宽恕我的欺诈行为，但是这是我到达南翔的唯一办法。

到达南翔后，我尽快地前往罗店镇，北军依然扎营在那里。在那里，我几乎等了一整夜，突然我们遭到了猛烈的炮火，一场激烈的战斗打响了。它大约持续了一个小时。北军感到惊奇的是：讨袁军有这么强大的队伍，并有几门野战炮，他们企图突破敌人的防线。战斗非常艰苦，结果北军击败了讨袁军的进攻，俘获了两门大炮，而这也是讨袁军不得不留下的。北军有几名士兵阵亡，并有大约 20 人受了重伤。

当我在早晨到达嘉定时，发现讨袁军已经撤离了该地，撤向嘉定以北几英里的江阴要塞。

这次战斗是上海周围革命中的最后一次战斗。虽然讨袁军都很英勇，但是他们在各地都被击退，甚至在与散兵作战时，他们都没有取胜过。

离开嘉定的讨袁军大部分到了江阴，那里的驻军在革命爆发时宣布支持南方。在上海附近作战的许多人选择了扔掉制服，过着强盗的生活，他们当中有许多人依然随身携带着自己的步枪。

革命已到了尽头。领袖们逃走了，“讨伐袁世凯”的口号也随风而逝。

◎附　录

附录Ⅰ　制造局的保卫者——海军上将郑汝成传

海军上将郑汝成1864年出生于天津城西的静海县，现年50岁。

1881年，他17岁时，作为一名军校学员进入天津水师学堂就读，开始了自己辉煌的职业生涯。在校期间，他由于表现出色而获得了许多奖章和奖品，并且成功、出色地完成了学校开设的所有课程。

完成5年的学业后，他被任命为北洋海军教练船“威远”号的见习军官。

1886年，现在已去世的政治家李鸿章派人到英国学习更高级的训练课程，他就是为数不多的人中的一位。在格林尼治海军学院学了一段时间后，他被转到地中海中队的军舰上接受特别的海上训练。随后，他又回到岸上，在位于朴次茅斯的炮术学校以及伍尔维奇兵工厂学习炮术和敷设水雷的理论与方法等；1889年回中国前，他在这里获得了一份海军上尉证书以及一份炮术技师的证书。

一回国，他首先被任命（由过去的帝国政府任命）为“靖远”号巡洋舰的炮兵上尉①。随后几年里，他受命担任威海水师学堂提调和总教习，当

① 即中国海军军衔中的“枪炮大副”。

时的威海卫是中国舰队的基地之一。

1895 年，他受命在天津负责海军军官的训练，1896 年担任大沽官办船厂的总办，1902 年任北洋军政司的帮办①，同时还担任直隶总督袁世凯（现在是中华民国的总统）创办的武备师范学堂的监督；1903 年，他就任北洋陆军学堂总办，这所学校在当时以及今天都是最重要的学校，它在近年来引入了军事教育和组织。

1902—1907 年，他所有的时间都奉献给了中国军队的军官训练。在他的照管下，不少于 3000 名学员通过了考试，他们当中有许多人现在拥有重要的职位，几乎达到了他所任的海军上将这样的高级别，最低的也在军中任中尉。这些人都是他的学生，今天在辽阔的中华民国的各个地方都可以遇到。

1907 年，当重组中国海军的事情提出来后，他被任命为海军处的长官②，当时的海军处附属于陆军部。

1909 年，海军处单独设置，由宣统皇帝的叔父——亲王载洵负责，郑汝成被任命为第一司司长，兼稽查海军军械。

1910 年，他担任海军的军法司司长③；同时担任亲王载洵的一等侍从官。由于辅佐亲王时所做的出色工作，郑汝成被授予二等三级奖章。1910 年夏，亲王载洵出访美国和日本，他是海军使团中为数不多的其他人员之一，担任海军武官。在日本，他被授予二等旭日勋章。1910 年底，海军使团回国时，海军部建立起来了，他被任命为海军部军制司司长，并在北京任海军部部长亲王载洵的一等侍从官。

1911 年，当权者认识到培养青年军官的重要性，即中国未来海军的效

---

① 当时郑汝成任北洋常备军军政司下辖三处之一的教练处帮办。

② 即海军处机要司司长。

③ 即筹办海军事务处军法司司长。

率必须在很大程度上依靠教育与培训，所以郑汝成就被从海军部中选出来，担任设在烟台的海军学堂的监督。但是，在接受上述的任命之前，他专程前往英国，访问了绝大多数英国的海军军港和军营，以考察教育和培养海军军官的方式。

1912 年，中华民国建立，接着袁世凯就任临时大总统。郑汝成又被邀请加入到他的政府机关①。他曾两次因为非常敏感的事务，而被袁总统派到南京、上海、扬州、安庆以及其他的地方，目的是解散已经过多的军队。由于他的辛勤工作以及出色地完成了交付他的敏感任务，1912 年 11 月他被授予海军少将军衔，1913 年初又被提升为海军中将。

1913 年 5 月底，徐企文率领一些起义者进攻江南制造局失败了，此时中央政府认识到了江南制造局的处境非常危险。正如前文所说过的，在随后的 7 月，袁世凯派郑汝成带领约 1200 人的三营士兵前往上海，驻扎在江南制造局以防止再次发生意外。

这时，主要是由于他的影响和强有力的手腕，制造局军队和海军舰队（驻扎在制造局对面的黄浦江上）的联合防御计划得以成功实施。虽然在数量上被讨袁军远远超过，制造局的保卫者在 1913 年 7 月 23 日的早上顶住了讨袁军的所有进攻，而讨袁军在经过几次持续增强的进攻后被击退，损失惨重。

从那天起（1913 年 7 月 23 日），他出色的工作得到所有人，特别是“中央政府”的高度赞扬和认可。“中央政府”绝对相信他以及他的忠诚，因此他被立即任命为上海镇守使、上海警备地域司令官以及江南制造局的总办，并且由于他在制造局被围期间忠诚、努力的工作而被授予三等勋绶，加衔至海军上将。

从以上的简单介绍，人们就能认识到：虽然他从青年时即被作为有能

① 1912 年，郑汝成被袁世凯任命为总统府高等侍卫武官。

力的海军来培养，但他在以后的岁月里通过长期与军事打交道，获得了各军种相当多的经验，他对这个部门的熟悉程度同他对所学专业的熟悉程度是完全一样的。

在结束这个传记之前，不能不提到，在清王朝统治时，郑汝成拥有鞑靼将军的官阶，这一官阶几乎相当于海军少将，此外他还在政府部门拥有几个别的负责职位，不过在这里谈及会扯得太远。

海军上将郑汝成受政府之命保卫制造局，抗击七倍于己的强大敌人，表现出的英勇事迹，可与布尔战争中英勇的马菲金保卫战、勒克瑙兵变中的英勇保卫战以及 1848 年匈牙利革命时奥地利将军温迪什保卫奥芬相提并论。

所有中国士兵的一个楷模！

柯师医生

附录Ⅱ　前言

柯师医生与袁世凯阁下关于闸北和吴淞事件的通信

人们会记得，在上海的民众无论是中国人还是外国人中都掀起了一片喧嚣，即中国红十字会的总医官柯师医生已采取或本应采取的措施都代表北京“中央政府”的利益，而且最为荒谬的谣言和传言四处散布。为了将事实摆在我的读者面前，并且揭开至今仍部分笼罩在柯师医生行为上的神秘面纱，现公布至今尚未公开过的、存在于两份报告中的这位医官与总统阁下之间的真实通信的副本。

我不拥护任何主义，我仅认为听取另一方面是合理的，并且我希望公布这些重要的文件能够澄清整个事件。

鲁定格

[副本] 中国红十字会

九江路26号，
上海，1913年8月26日

袁世凯总统阁下，

先生，

我被要求写一份关于最近讨袁之役时我个人在上海的红十字会工作的报告，特别是关于吴淞炮台的投降。

对我来说，如果这个报告是详尽的，那么它应当在因战争引发的敌对情绪消失以后发表。然而，从另一个方面看，如果发表的是部分报告，那么您对于我们红十字会的工作就会产生错误的印象。这种情况下，我认为最好向阁下您递交详细的报告，另外向副总统黎元洪阁下、红十字会会长吕海寰阁下递交副本，我认为这样做就可以完全使自己摆脱发表方面的责任，并请求阁下您在万一有人批评我的个人行为时，能够允许使用它。

关于已做的工作，由沈敦和先生和我本人责任，事前沈先生和我已经讨论过整个事件，具体的由我来执行。然而，关于我的工作与吴淞炮台投降之间的关系，沈敦和先生直到事情结束时都不知道。我没有机会与他讨论，因为我在吴淞，他在上海。当我离开上海到吴淞时，我没有想到会发生这样的事情。

与其他国家相比，中国红十字会的工作面临许多困难。在外国，战争实际上仅限于不同国家之间的冲突。每个国家都为本国的红十字会提供人员和设备，使之与本国的军队一同工作。因此，在外国，红十字会的人道主义努力是不受任何怀疑的，他们的服务只限于自己的军队。而且，红十字会的工作已在国外开展多年，其宗旨得到了明确承认和尊重。在中国，红十字会的工作才开展了几年，民众缺乏教育使他们不能清楚地认识到它的目的。在中国，从它成立，它的工作就局限在内战，这就使它产生了与其他国家红十字会的一个不同点。

因此，中国红十字会就有了一个开创先例的重任，即救治交战双方的伤兵，这种立场必然会招致交战双方的批评。虽然红十字会在 1911 年的内战中为双方服务遭到了阻碍，但是它赢得了双方的盛赞。随后，在 1912 年，当它的工作报告得以在美国召开的红十字会联会上详细介绍时，给人留下如此深刻的印象，许多国家队的代表表示，他们打算建议修改《日内瓦公约》，修改的意图与中国红十字会类似，他们自己的国家可能会遇到中国红十字会遇到的战争状态。

1913 年 7 月 24 日在“海筹”号上拍摄的特别照片

（前排左起第二至第五人分别是“海筹”号中校、红十字会副会长沈敦和、海军上将李鼎新、“海筹”号林舰长、红十字会的孟纳司先生）

拜访海军上将，7 月 23 日。——在最近发生的起义中，由于我负责中国红十字会的医疗工作，所以我最先有机会见到了海军郑上将①和海军李上将。我向他们详细介绍了我以前在汉口红十字会的工作，这样他们大概会相信托付给我的所有红十字会的职责都会得到忠实的履行。同日，我们为制造局的五名受伤的北军做了包扎，并用我们的小艇把他们送到了上海。

7 月 23 日。——江南船坞的工程师把三艘小艇交给红十字会使用，红十字旗被发给了这三艘小艇。

7 月 24 日。——今天，我们发现要获得江南船坞借给红十字会的三艘小艇中的任何一艘都是困难的。那位工程师发出指令说，没有他的允许，这三艘小艇不能离开。于是，英美烟草公司借了一艘小艇给我们。我们在驶往军舰时，遭到了南市起义部队的射击，于是又向制造局靠拢。由于已经照料了一些受轻伤的北军士兵，我向郑将军请求同意我们派一队人在制造局上游的黄浦江岸边登陆，以便在战场寻找受伤者和死者，据上海的报纸估算这些伤亡者有 400 到 500 人。郑将军同意为此停战几个小时，但是，我一见到讨袁军的领导者，他却希望停战两天。由于郑将军认为讨袁军一方要求停战两天会被用来加强防御力量，所以这一计划失败了。在见到讨袁军领导者时，我报告说：我们的船已多次遭到射击，并请他们发布严令，不准向红十字会开火。

7 月 25 日。——早晨，我发现江南船坞红十字会的三艘快艇在码头上只有一艘了。这艘快艇由一名外国人负责，没有船坞工程师的允许，他拒绝随我们的队伍出发。我走过去见他，他拒绝把船交给我们，说他另有任务。我告诉他说，他们已经把这些船借给了红十字会，而且当它们悬挂着红十字会会旗时，就由红十字会控制，如果他拒绝这艘快艇随我们行动，

---

① 即郑汝成。

我将把红十字会会旗拔掉。他随后同意了。在我们溯江而上时，我们又遭到了讨袁军射击。我的一名下属报告说：我们遭到射击的原因是江南船坞的快艇在悬挂红十字旗时向军舰运送各种补给。

我登上“海筹”号，向郑将军报告了这件事，并指出：如果这种事情发生，那将是违背《日内瓦公约》的。这次，我再次请求郑将军允许派一队人寻找受伤的讨袁军，但是正当我们交谈时，一场交战爆发了，我看派出一队人是不可能的。于是，我们回到了上海，带回了两名受伤的政府军士兵。

7 月 26 日。——我们能够为政府军队提供出色的红十字会服务，我们与自己医院的通信是畅通的。他们所有的伤兵都得到了及时的照料，并且没有遭受痛苦。政府军的将军们熟练的战术以及对士兵的关照，使他们的士兵中只有少数人伤亡，因此，我们每天访问的结果是找到数量相对较少的伤兵。

到目前为止，我们从讨袁军及乡民当中仅收治了 80 名伤者，在公众看来这仅是伤亡者中的一小部分。从陆路不可能接近讨袁军的主力，这些送给我们的伤员是由我们的五个分站在战斗间隙送来的。已发布的声明称受伤者躺在战场三或四天都没人照管，这对红十字会的作用是一个严厉的谴责。考虑到这些，我再次会见郑将军时，请求他允许我亲自去看一看这些报道是否属实。他同意了，但有一项保留意见：如果讨袁军以我们红十字队的工作为掩护而发起进攻，他不得不不顾红十字队的安全而被迫开火。我非常赞同他的这一决定。然后，我们出发了，在制造局上游的沪杭铁路码头上岸。

我们沿铁路线向龙华塔前进，一行人包括我、孟纳司先生以及一名举旗的人。当我们靠近龙华塔时，与讨袁军部队取得了联系。他们告诉我们：那里只有一名王医生照料他们的军队，并把我们带到他的临时医院。王医生说他能够收到的伤员都送到了我们在上海的医院，还说大约有 20 名死者躺着没有掩埋。他指出，他根本不能调查实际的交战区，因为他的红十字队每次前进到那里都遭到了北军的射击。我告诉他说，我刚从上海的郑将军和李将军那里来，他们说自己的士兵已被警告不要向红十字队射击。他重复着他的话，然后我告诉他，那天我将同他一起去，亲自看一看，因为我非常想立刻出发，并想知道是不是有伤者躺在那里没有人照料。然后，他组织了一个担架队，与孟纳司先生和他的老大以及我一同前往曾经交战最激烈的地方。当我们沿着穿过制造局的铁路线前行时，我们搜查了两边的地面，看到了一些死尸，但是没有发现伤者。最终我们因为看到了二三十名北军士兵停了下来，他们一看见我们，就用他们的步枪向我们瞄准。我让我们的队伍停下来，并让铁路线上讨袁军的红十字队举着他们的旗帜，我和孟纳司先生以及他的老大举着我们的红十字旗，然后迎面走向北军军队。我告诉他们说，我们是红十字会的一支搜救伤员的队伍，他们一定不能开火。他们十分友好，告诉我们可以放心地前进。稍微更进一步的调查使我确信：报纸上关于伤者躺在野外的报道是不真实的。

我向王医生保证：如果能得到郑将军的允许，明天我将带来 30 副棺材，以安葬他那里的死者。

7 月 27 日。——今天，我接到报告说，江南船坞的那名工程师从我们这里为他的船只获得了红十字旗，他说："柯师医生知道他在用小艇做着什么事，但是他并没有阻止这一行为。"一听到这个消息，我就派了一名信差去收回当时发放的红十字旗。

下午，我们把棺材放在一艘中国船只的后面，前往制造局附近的"海筹"号。我们的船是不允许靠近的。当我们乘坐舰载小艇去登舰时，我们的船只能在离舰尾约 100 码的地方停着。一登上舰，我就向郑将军报告说：我已把江南船坞小艇上的红十字旗收回来了。同时，我告诉他，我们的探险队到了龙华塔以及交战区，我高兴地说道：“报纸上关于受伤者的报道是非常错误的。”他说，他已从岸上他的部下那里听说了我们的探险队。他同意把棺材送给讨袁军，并同意了我提出的船在继续前进之前要进行检查的请求。船被检查了，一切都井然有序。然后，我离开军舰，登上了我的小艇，却听到我的助手们说，刚才从制造局的泥堡里射出的四发子弹从这条船的旁边掠过。

我再次登上军舰，把发生的事情向郑将军作了报告，他从甲板上叫来一名军官，这名军官证实了这件事。于是，他派了一个人到岸上调查，得到的答复却是没有打过一枪。由于在一二英里的范围内没有讨袁军，所以子弹的来源是十分清楚的。我告诉郑将军，如果他不能保护红十字会不受他的军舰附近他自己的士兵的伤害，我没有选择，只能回去。郑将军对发生的事情表示遗憾，并保证采取所有防范措施以防再次发生同类事情。当时已经很晚了，所以我们带着装有棺材的拖船回来了。在与沈先生协商后，我们决定对这些事情保密，现在仅向您提供该信息，这些都清楚地表明我们红十字会的工作被许多困难困扰着。

8 月 11 日。——在 8 月 11 日，我拜访了江湾的陆军指挥官李将军，并安排把一名生病的军官送到我们上海的医院。与此同时，我就红十字会在吴淞及其附近可能发生进一步战斗时为双方伤兵服务，提出了一个粗略计划。

（1）载有医生、附属人员和担架员的红十字专列，将在他的军队前进时，跟在他们的后面，并将受伤的政府军队的士兵送到我们在上海的医院。

（2）已经借给红十字会作为基地的吴淞海军医院，将用于收治讨袁军的伤兵。我们将在吴淞炮台的铁路码头设立登陆处，并从那里把受伤者送到我们的医院。李将军表示同意，并签署了这些安排文件。

8 月 12 日。——早晨，我们在吴淞的医院打来电话，要我前往医院并提供帮助，还指出在医院的附近发生了激烈的战斗。因此，我在天亮后同孟纳司先生、奥谢先生以及10名助手立即出发。在路上，我们拜访了“海筹”号，并会见了李将军，得到他对上述红十字会各种安排的赞同。然而，李将军有这样的看法，即我们的医院以后可能守不住，可能的话，每天要把病人转移到上海。

检查医院周围以及通往江湾的铁路周围1.5英里的范围，显示没有受伤者和战斗的迹象。乡民们异口同声地说，离我们医院3英里远的江湾已发生战斗，所有的伤兵已运送到了宝山。

上午10点钟后，我们试图乘汽艇到吴淞炮台的铁路码头以到达宝山，但是由于猛烈的炮击，这一企图不得不放弃，而且不得不徒步回吴淞。一名伤兵被发现，并被带回到医院。下午2点30分，我们在同一地方进行了另一次尝试，这次我们到达了宝山城。经过询问，我们发现了10名伤兵，他们当中的有些人情况非常糟糕，缠的绷带都是一条条的脏布。我们迅速地给这些伤兵用无菌绷带包扎了。这时，一名士兵告诉我，讨袁军部队的指挥官钮先生想见我。他向我询问了有关伤兵的一些细节问题。我告诉他，我们将把他们带回到我们的医院。我告诉他说，我很遗憾看到受伤者的状况很差，如果他们一直没有治疗，情况会更糟，并且我强烈反对战争的进行，战争中许多乡民被打伤或被打死，而且没有给他们提供训练有素的帮助。他赞同我的看法，即在这种情况下，继续战斗不会带来任何好处，并且会带来巨大危害。我说道：“如果你准备投降，如果你愿意，我将为你传递降书。中国现在迫切需要和平，继续一场徒劳的战斗是伤天害理的，会牺牲掉许多人的生命。”他说，他准备投降，并准备写一封降书，如果我送这封信，他将不胜感激。我请他把信尽可能写得简单、清楚。

由于我读不懂中文，所以他写完信后，把内容作了简单的概述，其内容如下。

信是写给刘总长的①。

“由于我以前与你有友好的关系，所以与其他人相比，我更倾向于给你写信。”

“我已经从红十字会的柯师医生先生那里听说继续战斗会给民众带来很大的苦难和不幸，并且不可能有任何好处，而且我自己也有同样的看法。因此，我同意明天投降，如果需要，将交出吴淞炮台、联鲸号小艇以及士兵们所有的枪炮和军火。我所要求的唯一条件是：军官和士兵们应得到赦免，并能得到少量的钱，足够他们回家。至于我自己，没有什么要求，也不值得要什么东西。”

当他念到这段话时，他的一些军官说他“必须要有同样的权利”，但是他拒绝写这句话。然后，他装好信，封好后递给我。于是，我问钮先生他是否能够履行他所说的一切，他说“是”。我告诉他说，我只能在他绝对保证如下内容的前提下送那封信，即信的内容是真实的，并且他将兑现他的承诺。他让我尽可放心，他会说到做到的，他唯一感到不安的事只有一件，与“联鲸”号有关，即“联鲸”号的甲板上有炸药。他请我亲自把信送给刘部长。

当时是下午 5 点钟。我希望能够找到一艘大的汽艇，到下游的南港，“海圻”号停泊在下游大约 9 英里的地方。但是到了码头，我发现除了我们自己的小艇外，什么也找不到。我们的小艇上载着我们的伤员，而且我们的小艇不够大，达不到出洋的要求，特别是我不能在天黑前返回。

于是，我决定把我的消息送给在“海筹”号上的李将军，当时“海筹”号锚泊在黄浦江上。正当我登上小艇之际，一名讨袁军军官骑着马来了，他说钮先生请我再回一趟宝山。我婉言谢绝了，因为我已经筋疲力尽了，

① 即海军总长刘冠雄。

并提出如果他想要，我可以把信交回。他说，钮先生不是想要回信，而是想加两个条件。我说，如果可以的话，我将用英文写在信上，并且当我见到海军上将时，我会向他提到它们，他对此表示同意。附加的两个条件是：

（1）从当晚起停止炮击以及进兵。

（2）战舰应当停泊在它们原来的位置。

登上在“海筹”号后，小艇载着伤员开走了。我拜会了李将军，钮先生的投降书被递给了他。它的内容很详细，钮先生已扼要地给我讲过，而且他的愿望是信应当由我亲自递交。

然后，李将军和他的军官们用英文给刘部长发了一封电报，我对电报表示同意，它包括了钮先生所告诉我的信的内容。其内容如下：钮永建愿意以炮台和“联鲸”号投降，条件写在一封交给您的封好了的信函里，信现在在“海筹”号上。红十字会的柯师医生是信使，他已经说出了信函内容的大致细节，其内容如下：

“（1）交出炮台，如果需要，“联鲸”号明天保持不动。

（2）给一笔钱，使士兵们能够回家。”

附录Ⅲ

关于1913年7月和8月红十字会在上海吴淞工作的补充报告

中国红十字总会

九江路26号

上海，1913年9月1日

袁世凯总统，

阁下，

在撰写已提交给您的这个主题的报告时，我尽量避免所有有争论的事情，并删除了我现在提交的某些细节。我这样做的原则是：当引发争议的事件结束时，最好不要讨论这些有争议的事情，除非经过足够的时间使得不受派别情感的影响而作出判断。

我们红十字会的工作遭到了严厉的批评，这被认为是基于报纸的报道，以及我个人的参与。这就有必要补充更多的细节，以说明我们红十字会开展工作所遭遇的困难。

上海的工作。——首先关于我们在上海的工作。我的报告第6页提到了与郑将军的交谈，基于上面所说的总的原则，一些事实和细节省略了。

我们告诉郑将军，我们去龙华塔和交战区的探险队已经到达那里，并发现报纸上关于伤亡的报道是夸大的。他一听到这些，就非常生气地指责我当时向遇到的北军士兵询问他们属于哪个部分。我否认了这一说法的真实性，并要求提供说出这种话的士兵。他拒绝了。我告诉他说，我向他展示我过去在红十字会服务的记录、我过去得到的赞誉以及黎元洪副总统的证明，已尽一切努力让他相信我的正直。他肯定相信我不会违背红十字会的原则以及《日内瓦公约》。

我请求把孟纳司先生请来，然后问问孟纳司先生。这位外国人当时与我在一起，他是与政府有关系的汉阳铁厂的忠实雇员。然后，他表示了歉意，说他仅是引用士兵的陈述，于是事件结束了。

正是这一事件，表明我们红十字会不被信任，这使我立即作出决定，要求在将拖船上的棺材送给讨袁军前要对之进行检查。一开始，郑将军拒绝检查，声称他非常相信红十字会，不会违犯公约而运送物资。在我再次提出请求后，他们做了一个全面的检查，结果正如已描述的那样。不幸的是，此事之后很快就发生了我们红十字会遭到枪击的事情，当时他们在离“海筹”号船尾100码的地方等我，而我正在“海筹”号与郑将军谈话。

担心队员们的安全使我别无选择，我们只好回到上海，运送棺材的任务也就没有完成。我告诉郑将军说，我将把这些事实报告给红十字总会，并询问他们的意见。我回去后，把这些事实向副会长沈敦和先生作了报告，并请他在第二天召开一个总会的会议。然后，我回到家里。不久，我收到来自海军的会计泰勒先生的电话留言，他告诉我说，郑将军请他做这件事的调解人，他拒绝这样做，但是他希望能找到一个解决的办法。我报告给沈先生，并且我们判定：我方的进一步行动，不会产生什么好结果。

第二天早晨，我拜访了郑将军，告诉他说，我们决定暂时停止此事，并请他在红十字会以后的工作中给予支持和保护，对此他说自己将乐意提供。从那天（7月28日）起，沈先生和我为红十字会的事拜访过多次，但是郑将军没有同意作进一步的交谈。

吴淞炮台，8月12日。——此时李将军是停泊在吴淞的口内舰队的总司令①。在我们进行交谈时，他对我带来钮先生的降书表示赞赏，并且感谢我向他和他的军官报告钮先生所说的话，即“联鲸”号小艇上有炸弹，只

① 海军总长刘冠雄自任口外海军总司令。

是在这方面他对自己的人没有把握，于是他建议由我向钮先生提出该艇暂时交给红十字会。这一建议我们非常欢迎，因为我们时刻都在注意着撤走吴淞医院，原因是如果发生进一步的敌对行动，医院将处在火线上。

我知道所有的可能性，所以不得不在第二天早晨到停泊在15英里外的“海圻”号去找刘总长。我当然不能单独去见钮先生，并提出那个建议。钮先生不懂英语，而且我也不会写汉字，一名叫姚伟文（音译）的海军军官友好地用中文为我写了一封信，请求暂时将“联鲸”号转交，以作为红十字会的医院船。这封信是在李将军在场并在他看到的情况下起草的。我想这足以证明李将军赞成我在与此相关的事务上所做的工作。刘部长也认可我在这方面所做的工作，因为明显的表现是：他通过电报让我亲自把钮先生的信交给他，并指令李将军①为我传递信息写了封感谢信。

13日，炮台陷落。我在回上海的途中见到了李将军，并详细讲述了我在炮台移交过程中所起的作用。他对这一切感到非常高兴，并表示他希望红十字旗至少还要悬挂两天。

显而易见，到目前为止，我在炮台投降所做的各种具体工作都得到了负责将领的批准和赞赏。如果在任何时候，有人表现出一点不理解，我将立即断绝与它的所有联系。

报纸上刊发的报道似乎有一种误解，声称红十字会干涉了在炮台升起海军军旗。并用他们的旗帜代替了海军军旗；而且，可能正是由于这种误解，吕海寰先生指责我们红十字会违背《日内瓦公约》。我们的旗帜悬挂在一个角落的次要的旗杆上，以作为收集伤兵的地点，那里远离主炮台，这与《日内瓦公约》的第23条是相一致的。

吴淞炮台的投降。——当时发生了一件事，我认为它并不重要，后来却证明是很重要的。我指的是由1名军士和6名士兵组成的陆军巡逻队比海

---

① 原文作Lin，有误，疑为Li。

军早了半分钟到达炮台。出于这一原因，炮台就向陆军投降，随后也就由他们进行控制和安排。我不能说郑将军和李将军、陆军将领是否知道或赞同刘部长和钮先生前一天就开始进行的谈判。

在中国，我已在自己有幸从事的职业上工作了 12 年，我在该行业中的地位不能等同于那种默默无闻的人。由于 1910—1911 年在汉口的红十字工作，我收到许多人的感谢，包括一封来自本国部长的感谢信。那时以及现在，我都是我们红十字会的总医官，毫不夸张地说，红十字会的威望因我们在汉口的工作而提高了。在这次讨袁之役中，我们从各个方面努力保持并进一步提高这种威望，而且我们都确信自己已经这样做了。有人试图仅依据报纸上的报道，预先判断我们的工作，而不是等我们作出报道或辩护。这种行径很不受欢迎，我们承担的职责使我们极易受到批评，而不切实际的批评人士发现我们是一个便利的靶子。除了敷裹员、勤杂人员和苦力，我们都是志愿工作者，为了大众的利益经受了许多困难。我们需要帮助以执行自愿承担的工作，而不是恶意的批评。正如我已经说过的，如果批评在性质上不是决定性的，也不是针对红十字会的良好意愿，或者不是纠正对其特权的严重滥用，那就最好以后再提出来。

最后，考虑到我们的工作者在履行他们的职责中所要经受的风险，而这些又是不可避免的，我们必须愉快地承受。但是，正如其他地方所描述的，如果它们可以避免，它们构成了对战争用途的公然的滥用，应追究责任人的责任。

我很荣幸成为先生

您忠实的仆人，

医学博士柯师，

中国红十字会总医官。

◎专有名词英汉对照表

A. J. Stewart	斯图尔特
Anamite	安南
Arsenal of Kiangnan	江南制造局
Austrian	奥地利
B. Y. Wong	王培元
Barnes	巴尼斯
Boer war	布尔战争
Boulevard de Montigny	敏体尼荫路
Bruce	卜罗司
C. Bennett	贝内特
Cantonese	广东人
Captain Lin	林上尉
Cecil Bennett	塞西尔·贝纳特
Chang Hoa Pang	张华浜
Chas. Burt	查尔斯·伯特
Chapei	闸北
Chefoo	烟台
Chekiang Road	浙江路

Chen Chi mei	陈其美
Chen Kou-chuan	陈国川（音译）
Chen Teh-chuan	程德全
Chin-chi-miao	青齐庙（音译）
China Press	《大陆报》
China Republican	中华民国
Chinese Chamber of Commerce	中华商会
Ching-yuen	靖远
Ching-hai	静海
Chinkiang	镇江
Chow Hsiao Chien	周孝骞
Chue-van-ping	徐文斌（乃芳）
Chwang Chih Ping	臧致平
D. F. Lea	李达夫
D. Quilici	奎里希
Davies	戴维斯
Dixie	迪克西
Dr. Ricou	瑞克医生
E. J. Muller	马勒
Eiswaldt	埃斯沃尔德
Fa(h)-wah	法华
Foochow	福州
Forts of Woosung	吴淞炮台
Francis Joseph I	弗兰西斯·约瑟夫一世
FrenchMunicipal Council	法国工部局
G. Boolsen	布尔森

General Poh	薄将军（音译）
Gingals	金格斯
Great Western Road	大西路
Greenwich Naval College	格林尼治海军学院
H. Metzenthien	麦仁森
Hai-chi	海圻
Hai Chow	海筹
Hai-yung	海容
Hanyang Ironworks	汉阳铁厂
Harvard Medical School of China	哈佛医学校
Hentzi	温迪什
Hsu Chi-wen	徐企文
Hsuen Tung	宣统
Honan-Guild	河南会馆
Hotchkiss	霍奇基斯
Hupeh	湖北
Hungarian Revolution	匈牙利革命
Hwang-Shing	黄兴
J. Davies, Jr	小戴维斯
J. F. Molyneux	莫利纽克斯
J. Norman	诺曼先生
Jacobi	雅可比
Jeyes' fluid	杰耶斯水
John Wilson	约翰·威尔逊
K. C. Wong	王吉民
kaiser Franz Joseph I	弗朗茨·约瑟夫一世

Kalee Hotel	客利饭店
Kao Chuen Chung	高全忠
Kiang Chu-tan	江趋丹
Kiangnan Dock	江南船坞
Kiangwan	江湾
Kiang-yin	江阴
Kiating	嘉定
Kobe	神户
Kuang-ti-miao	关帝庙
Kui-Cheng	居正
Kuomingtang	国民党
L. Z. Su	苏荔裳
Lebel	勒贝尔
Lefebvre	列斐伏尔
Li Hung Chang	李鸿章
Li Ting Hsin	李鼎新
Li Tsz-shang	李智让
Li Yuan-Hung	黎元洪
Lien Ching	联鲸
Liu-fu-piau	刘福彪
Liu Ting-hang	刘廷汉
Lo-tien-chien	罗店镇
Lucknow	勒克瑙
Lu Hai Whan	吕海寰
Lunghua Road	龙华路
Loo-lao-je	鲁老爷

Mafeking	马菲金
Margaret WilliamsonHospital	上海西门妇孺医院
Mikaloong	梅家弄
Mr. Cole	科尔先生
Mr. Graham	格雷厄姆先生
Mr. Manners	孟纳司先生
Nanking	南京
Nantao Bund	南市码头
Nan-ssu-tang	南石塘炮台
Nanziang	南翔
Ngankin	安庆
Niu-Lung-Chi（Niu Lung-chee）	钮永建
North-China Daily News	《字林西报》
Ofen	奥芬
O'Shea	奥谢
The Ostasiatische Lloyd	《德文新报》
Pao-shan-hsin	宝山县
Peiyang Military Organization Department	北洋军政司
Peiyang Military School	北洋陆军学堂
Peiyang Navy	北洋水师
Peter Veit（P. Veit）	彼得·维特
Point Hotel	之高四饭店
Pont St. Catherine	圣凯瑟琳大桥
Pootung	浦东
Portsmouth	朴次茅斯
R. Neumann	诺依曼

R. Wood	伍德
The Republic Bank of China	中国银行
Rudolph Eiswaldt	鲁道夫·埃斯沃尔德
Sa Men-hoo	萨孟和（音译）
Sah Chen-ping	萨镇冰
Sha Ying-tang	夏应堂
Shen Tun-ho	沈敦和
Siccawei Road	徐家汇路
Stafford M. Cox	柯师
Sun-Yat-Sen	孙中山
Sung-Ying-cha	宋运禧
Szen-ssu-lin	狮子林炮台
Ta hsin	他心
Taku	大沽
Taotai	道台
Tientsin	天津
Tientsin Naval College	天津水师学堂
Tientsin Road Hospital	天津路医院
Training School for the Military Staff	武备师范学堂
Tsai Shun	载洵
Tseng Yu Cheng	郑汝成
Tsung-hue-kung-hoi	中国公学
Tu-fehs	土匪
Tutuh of Kiangsu	江苏都督
Tyler	泰勒
Wang Yeng-Teh	王引才

Weh-Tsin-hu	魏清和
Weihaiwei	威海卫
Wei Tsin Woo	魏清和
Wei-Yuen	威远
Whangpoo river (Wangpoo River, Whungpoo river)	黄浦江
Woolwich Arsenal	伍尔维奇兵工厂
Wong Tsz-shang	翁志尚（音译）
Wu-kuan	武官
Wu Ching-chung	吴敬仲
Y. C. Tong	唐元湛
Yamen	衙门
Yangchow	扬州
Yangkingpang	洋泾浜
Yao Whie Wun	姚伟文（音译）
Yau-Fang-Ting	姚方定
Yeh-Wai-Chun	叶惠钧（叶增铭）
Ying Su-tien	殷受田
Yuan Shi-kai	袁世凯
Yunnan	云南
Zikawei	徐家汇